Aktuelle Dokumente
Herausgegeben von Professor Dr. Ingo von Münch

Reform der Berufsbildung

Aktuelle Programme und Initiativen von Bundesregierung, Parteien, Sozialpartnern und Wissenschaftlern

Zusammengestellt von

Dr. Wolfgang Dietrich Winterhager

1974

Walter de Gruyter · Berlin · New York

ISBN 3 11 004789 6

Printed in Germany.

Satz und Druck: Druckerei Chmielorz, 1 Berlin 44
Bindearbeiten Wübben Berlin 42

Inhalt

Bildungspolitische Vorbemerkung

Der Vorsitzende der Gewerkschaft Erziehung und Wissenschaft schreibt im Jahre 1973: „Allgemeinbildung ist die berufliche Bildung der Herrschenden, Berufsbildung ist die allgemeine Bildung der Beherrschten", während der Deutsche Industrie- und Handelstag umgekehrt glaubt: „Die Reform und die Weiterentwicklung des beruflichen Bildungswesens haben nur dann Aussicht auf Erfolg, wenn die Eigenständigkeit der beruflichen Bildung . . . als Bezugsrahmen der staatlichen Berufsbildungspolitik angesehen (wird)".

Ungeachtet solcher grundsätzlichen Unterschiede besteht heute Einigkeit über die Notwendigkeit zur Neubestimmung und Neugestaltung der beruflichen Bildung. Mit der Bildungspolitik wurde in den letzten Jahren fast ausschließlich eine Erhöhung der Übergänge auf die weiterführenden allgemeinbildenden Schulen angestrebt. Erfolge und Mißerfolge wurden an der Zahl der Abiturienten und der Studenten gemessen. Es zeigte sich aber, daß diese Politik Grenzen hat:

Die Kosten sind erheblich und die finanziellen Möglichkeiten sind beschränkt, Ungleichgewichte und Störungen im Arbeitsmarkt und im Beschäftigungssystem zeichnen sich ab und — wichtiger noch — die Zielsetzung der Chancengleichheit würde selbst dann nicht erreicht, wenn Zahl und Qualität der Akademiker noch einmal drastisch erhöht würden — die Mehrheit der Jugendlichen wäre dann noch immer und vielleicht noch stärker benachteiligt.

Wenn auch die Initiativen der verschiedenen Gruppen sehr unterschiedlich sind, so ist ihnen doch dieses gemeinsam: das Bemühen um Gleichwertigkeit, größere Attraktivität, um Verbesserung der Qualität der beruflichen Bildung. Das rechtfertigt es auch, sie nebeneinander zu stellen und zu vergleichen.

1. Einführung und Überblick

Gegenstand

Als „Berufsbildung“ bezeichnet man vor allem die Ausbildung von Jugendlichen in anerkannten Ausbildungsberufen außerhalb des öffentlichen Schulwesens. Eine derartige Ausbildung wird heute von etwa 60 Prozent aller Jugendlichen durchlaufen. Sie dauert durchschnittlich drei Jahre und sie wird begleitet durch den Unterricht an einer öffentlichen Berufsschule, der normalerweise an einem Tag in der Woche stattfindet; für diese Kombination von betrieblicher und schulischer Bildung hat sich die Bezeichnung „duales System“ durchgesetzt.
Normalerweise wird heute auch die berufliche Weiterbildung von Erwachsenen, soweit sie außerhalb von Schulen und Hochschulen stattfindet, unmittelbar unter den Begriff „Berufsbildung“ subsummiert und in den entsprechenden Programmen mit behandelt.

Weiter gefaßte Definitionen, die auch Vollzeitschulen und Hochschulen umfassen, sind in der Reformdiskussion eher selten und werden hier nicht berücksichtigt. Die Ursache für die Abgrenzung ist vor allem in der Zuständigkeitsverteilung zu suchen: für die Schulen sind die Bundesländer, für die außerschulische Berufsbildung ist der Bund zuständig.

Die Diskussion

Seit dem Jahre 1969 wird mit zunehmender Intensität eine Diskussion über die Reform der beruflichen Bildung geführt.
Sie wurde eingeleitet durch eine Empfehlung des Deutschen Bildungsrates „zur Verbesserung der Lehrlingsausbildung“ im Februar 1969 und eine schroffe Gegenreaktion der Spitzenverbände der Wirtschaft mit dem Titel „Ideologie und Wirklichkeit“. Das Berufsbildungsgesetz vom Sommer 1969, der Bildungsbericht 1970 der Bundesregierung sowie das Aktionspro-

gramm Berufliche Bildung des Bundesministers für Arbeit und Sozialordnung vom November 1970 wurden von einer zunehmenden Publikationstätigkeit auf diesem Gebiet begleitet, die sich auch in den folgenden Jahren fortgesetzt hat.

In den Jahren 1972 und 1973 haben schließlich fast alle Parteien und wichtigen Verbände eigene Programme und Initiativen zur Reform entwickelt; in der Regierungserklärung des Bundeskanzlers wurde die Absicht zur Neufassung des Berufsbildungsgesetzes bekundet, und das Bundeskabinett hat am 15. November 1973 „Markierungspunkte" für dieses Vorhaben beschlossen.

Rechtslage

Die außerschulische Berufsbildung ist durch Bundesrecht geregelt. Grundlage ist das Berufsbildungsgesetz vom 14. 8. 1969, daß erstmals viele der verstreuten Regelungen auf diesem Gebiet zusammenfaßte. Von Bedeutung für eine Reform ist daneben eine Reihe weiterer Gesetze; insbesondere sind zu nennen:

— Das Jugendarbeitsschutzgesetz vom 9. 8. 1960, das Schutzvorschriften über Arbeitszeit, Pausenregelungen, das Verbot von Akkord- und Fließbandarbeit u. ä. enthält.

— Das Betriebsverfassungsgesetz vom 10. 11. 1971, das insbesondere Mitbestimmungsrechte für Jugendliche über eine Jugendvertretung im Betrieb u. ä. regelt und

— das Arbeitsförderungsgesetz vom 25. 6. 1969, das die Berufsberatung regelt und eine finanzielle Förderung bestimmter Maßnahmen durch die Arbeitsämter ermöglicht hat.

Die vorliegenden Programme und Initiativen

Die hier wiedergegebenen Programme und Initiativen stammen fast durchweg aus dem Jahre 1973. Sie geben die Absichten und Pläne der Bundesregierung, der im deutschen Bundestag vertretenen Parteien, der Bund-Länder-Kommission für Bildungsplanung, der Sozialpartner sowie die gemeinsame Stellungnahme einer größeren Zahl von Wissenschaftlern wieder. Die Unterschiede und die „Fronten" der Diskussion werden dadurch klar.

Aus Platzgründen mußte auf die Wiedergabe mehrerer weiterer Arten von Stellungnahmen verzichtet werden.

Es wurden nicht berücksichtigt:

— Initiativen und Programme, die älter als zwei Jahre sind; nach der jüngsten Diskussion können solche Stellungnahmen in der Regel als nicht mehr ganz aktuell angesehen werden,
— die Veröffentlichungen von Beratungsgremien auf Bundesebene, wie insbesondere des Deutschen Bildungsrates und der „Sachverständigenkommission Kosten und Finanzierung der beruflichen Bildung",
— die Programme und Pläne in den einzelnen Bundesländern sowie
— Initiativen und Forderungen von Einzelverbänden, einzelnen Gewerkschaften und anderen Gruppen.

Die wichtigsten Stellungnahmen dieser Art werden im Anhang dieses Bandes dokumentiert.

2. Programm der Bundesregierung

a) Bundeskanzler Brandt: Regierungserklärung des zweiten Kabinetts Brandt/Scheel vom 18. Januar 1973
(Auszug)

Berufliche Bildung

Die Chancengleichheit verlangt für die berufliche Bildung den gleichen Rang, wie ihn andere Bildungsbereiche haben. Diesem Ziel dient auch die Konzentration der Kompetenzen des Bundes an einer Stelle.

Berufliche und allgemeine schulische Bildung müssen stärker miteinander verflochten werden. Neben der Ausbildung für eine bestimmte berufliche Tätigkeit ist der Vermittlung allgemeiner Wissensgrundlagen größeres Gewicht zu geben. Die Bundesregierung sucht bei der Reform der beruflichen Bildung die Zusammenarbeit mit allen Beteiligten, mit den Gewerkschaften und mit den Verbänden der Wirtschaft. Sie kennt die Bedeutung der Betriebe als Ausbildungsstätten. Aber sie will dafür sorgen, daß die berufliche und gesellschaftliche Entwicklung des Einzelnen nicht durch das besondere wirtschaftliche Interesse eines Betriebes beeinträchtigt werden kann. Deshalb sind ergänzende überbetriebliche Ausbildungsstätten notwendig.

Unsere Aufmerksamkeit gilt auch den Jugendlichen, die kein Ausbildungsverhältnis herkömmlicher Art eingehen. Das Berufsbildungsgesetz muß neu gefaßt werden.

b) Markierungspunkte für die berufliche Bildung, von der Bundesregierung verabschiedet am 15. November 1973

I. Berufliche Bildung im Bildungssystem

1. In der bildungspolitischen Entwicklung des letzten Jahrzehnts waren die Leistungen der öffentlichen Hand und die allgemeine Aufmerksamkeit in der Gesellschaft vor allem wei-

terführenden allgemeinbildenden Schulen und Hochschulen zugutegekommen. In diesen Bereichen hat eine erhebliche Expansion stattgefunden; die Bereitstellung von Personal und Sachmitteln, der Bau neuer Bildungseinrichtungen hat sich hier konzentriert, während der für die große Mehrheit unserer Jugendlichen und die Gesellschaft ebenso wichtige Bereich der beruflichen Bildung strukturell, personell und finanziell im Schatten stand. Gesellschafts- und bildungspolitische Überlegungen und die offenkundigen Ungleichgewichte in der Entwicklung des Bildungswesens als Gesamtsystem haben jedoch in den letzten Jahren zu einer grundsätzlich anderen Sicht des Verhältnisses zwischen allgemeinem und beruflichem Bildungswesen geführt.

2. Die Oberstufe unseres Bildungssystems wird auch künftig mehrere Lernorte haben. Dabei erfüllt der Lernort Betrieb eine wichtige Aufgabe. Die Ausbildung im Betrieb ist aus pädagogischen, fachlichen und volkswirtschaftlichen Erwägungen unverzichtbar.

Wer in unserem Gesellschafts- und Wirtschaftssystem auf den Lernort Betrieb nicht verzichten will, der ist vorwiegend auf den privaten Betrieb als Lernort angewiesen. Der Staat muß aber dafür sorgen, daß eine funktionale Aufgabenteilung mit den öffentlichen Bildungseinrichtungen und eine staatliche Aufsicht über die Ausbildungstätigkeit das Erreichen der staatlichen Qualitätsnormen und das notwendige Bildungsangebot sichern. Die staatliche Verantwortung gilt für alle Lernorte.

Betrieb, Schule und überbetriebliche Ausbildungsstätte sind Teile eines Systems, in dem jedem Lernort seine besondere Bedeutung zukommt. Sie sollen jeweils die Aufgabe erfüllen, die sie fachlich und pädagogisch am besten zu leisten vermögen.

3. Die wichtigsten Voraussetzungen für eine Verbesserung der Qualität der beruflichen Bildung sind:

— Inhaltliche und organisatorische Neuordnung der Organisation der Oberstufe mit dem Ziel der vollständigen Integration von beruflicher Bildung und sogenannter allgemeiner Bildung (Förderung der Verflechtung und Verzahnung) bei Verbesserung der personellen und sächlichen Ausstattung auch der beruflichen Schulen;

— Verstärkung und Ausbau der staatlichen Verantwortung und Aufsicht für den Gesamtbereich der beruflichen Bildung;

— nahtlose Abstimmung der schulischen und außerschulischen Berufsausbildung zu einem einheitlich konzipierten Bildungsgang, insbesondere durch eine Verbesserung der curricularen Grundlagen;

— Abstimmung der materiellen Inhalte der Berufsausbildung und der Weiterbildung;

— weitere Qualifizierung der Ausbilder;

— befriedigende Regelung der Finanzierung der betrieblichen und überbetrieblichen Berufsausbildung zur Sicherung eines strukturell ausgewogenen und regional ausgeglichenen Angebots an Ausbildungsmöglichkeiten.

Für die Erreichung dieser Ziele bietet das geltende Berufsbildungsgesetz von 1969 nur eine unvollkommene Grundlage. In Richtung auf diese Ziele hat der Bund jedoch gemeinsam mit den Ländern eine Reihe von Maßnahmen bereits eingeleitet. Zu nennen sind hier insbesondere:

— Die Entwicklung einer Konzeption für die Ausbildungsordnungen;

— Die gemeinsame Erarbeitung von Ausbildungsordnungen und Rahmenlehrplänen auf der Grundlage des zwischen Bund und Ländern vereinbarten gemeinsamen Ergebnisprotokolls vom 30. 5. 1972;

— Die verstärkte Förderung des Ausbaues überbetrieblicher Ausbildungsstätten über die bestehenden Möglichkeiten (z. B. Bundesanstalt für Arbeit, Länder) hinaus auf der Grundlage der Förderungsrichtlinien des BMBW vom 19. September 1973; eine gesetzliche Regelung wird angestrebt;

— Die Entwicklung und Erprobung neuer Bildungsgänge, -formen, -inhalte und -technologien im Rahmen von Modellversuchen.

4. Bereits in der *Regierungserklärung vom 28. 10. 1969* hat der Bundeskanzler auf die Notwendigkeit hingewiesen, die vier Hauptbereiche unseres Bildungswesens — Schule, Hochschule, berufliche Ausbildung und Erwachsenenbildung — nach einer durchsichtigen und rationalen Konzeption zu ordnen. Mit dem im Bildungsbericht '70 und dem im November 1970 vorgelegten *„Aktionsprogramm berufliche Bildung"* hat die Bundesregierung konkrete Maßnahmen zur Verwirklichung dieses Grundsatzes der Regierungserklärung vorgeschlagen und in Teilbereichen eingeleitet, insbesondere durch den *Erlaß wichtiger Ausbildungsordnungen*, durch die *Ausbildereignungsverordnung*, durch die *Berufsgrundbildungsjahr-Anrechnungs-Verordnung*, durch die *Verordnung über die Aufhebung von überholten Ausbildungsberufen.*

In der *Regierungserklärung vom 18. 1. 1973* wurde die Reform der Berufsbildung und die Verflechtung beruflicher und allgemeiner schulischer Bildung noch stärker in den Mittelpunkt gerückt. Eine Neufassung des Berufsbildungsgesetzes von 1969 wurde vom Bundeskanzler angekündigt, denn das Gesetz von 1969 war — wie schon bei seiner Verabschiedung erkennbar war — in den Fragen der Einheitlichkeit und Verflechtung nicht zu einer ausreichenden Klarheit gelangt. Durch den Organisationserlaß des Bundeskanzlers vom 15. 12. 1972 wurden die Kompetenzen für die berufliche Bildung in der Bundesregierung stärker konzentriert.

Im *Bildungsgesamtplan* haben sich Bund und Länder in wichtigen Fragen über die Grundsätze der weiteren Entwicklung des Bildungssystems einschließlich der beruflichen Bildung verständigt. Sie sind dabei davon ausgegangen, daß auch die berufliche Bildung den Anspruch des einzelnen auf Förderung und Entfaltung seiner Begabungen, Neigungen und Fähigkeiten erfüllt und ihn dadurch befähigt, sein persönliches, berufliches und soziales Leben selbstverantwortlich zu gestalten. Zugleich soll sie berufliche Mobilität und damit bessere soziale Chancen sichern, eine bessere Einfügung in den wirtschaftlichen Prozeß ermöglichen und dem einzelnen die Chance eröffnen, den Leistungsanforderungen einer modernen Industriegesellschaft gerecht zu werden. Die berufliche Bildung muß Lernziele und Lerninhalte umfassen, die zu kritischem Verständnis und verantwortungsbewußtem Handeln befähigen. Damit wird es möglich, die unterschiedliche Bewertung theoretischer und praktischer Ausbildung zu überwinden. Der einzelne muß im Prozeß des „lebenslangen Lernens" zu Kreativität, Spontaneität, Mündigkeit und Selbstbestimmung ermutigt werden. Die *Regierungschefs von Bund und Ländern* haben bei der Billigung der im Bildungsgesamtplan entwickelten bildungspolitischen Zielvorstellungen am *20. September 1973* zu diesem Bereich einstimmig erklärt: „Die Regierungschefs messen bei der Fortschreibung des Bildungsgesamtplans der dort bereits als bildungspolitisch vordringlich bezeichneten Herstellung von Gleichwertigkeit der beruflichen und der allgemeinen Bildung und dem damit verbundenen Problem der späteren beruflichen Chancen besondere Bedeutung bei."

Die genannten Ziele erfordern nach Auffassung der Bundesregierung inhaltliche, organisatorische, finanzielle und administrative Maßnahmen, nicht nur im engeren Bereich der Berufsbildung. Das dreigegliederte Schulwesen führt dazu, daß mit der Wahl der Schule bereits weitgehend berufliche Vorentscheidungen fallen. Deshalb ist für eine sinnvolle Entwicklung der Berufsstrukturen und eine gerechte Verteilung der Zugangschancen auch notwendig, daß Grundschule und Mittelstufe unseres Bildungswesens inhaltlich und organisatorisch neu geordnet werden. Erst mit der Einführung der Gesamtschule wird eine chancengleiche Ausgangsposition für eine neustrukturierte Oberstufe geschaffen, die die Forderung nach horizontaler und vertikaler Durchlässigkeit erfüllt. Der Grundsatz der Verflechtung von allgemeiner und beruflicher Bildung in der Oberstufe erfordert nicht nur bestimmte Strukturen bereits in den letzten Klassen der Mittelstufe, sondern muß auch im Zusammenhang mit der Entwicklung des Hochschulbereichs und der Weiterbildung gesehen werden.

Diese Probleme müssen gemeinsam mit den Ländern im Rahmen der Bund-Länder-Kommission für Bildungsplanung gelöst werden. Die historische Entwicklung des Schulwesens mit seiner Trennung von allgemeiner und beruflicher Bildung sowohl im inhaltlichen als auch im organisatorischen Bereich erschwert die Gleichberechtigung und die angestrebte Verflechtung: Die Aufgabenteilung zwischen Bund und Ländern verstärkt diese Schwierigkeiten.

— Der Bund ist für die außerschulische berufliche Bildung zuständig: die Länder verantworten das berufliche Schulwesen.
— Die Länder sind zuständig für das allgemeinbildende Schulwesen, das wiederum mit der beruflichen Bildung verflochten werden soll.

Somit erfordert die Berufsbildungsreform ein besonders hohes Maß an Kooperationsbereitschaft und Kooperationsfähigkeit zwischen Bund und Ländern sowie zwischen Staat und Wirtschaft. *Die Bund-Länder-Kommission für Bildungsplanung hat am 8. Oktober 1973* den Beschluß gefaßt, einen umfassenden Stufenplan für den Gesamtbereich der beruflichen Bildung zur Konkretisierung der Ziele des Bildungsgesamtplanes aufzustellen. Für die Durchführung der Reformen wird die Bund-Länder-Kommission für Bildungsplanung ein wesentliches Instrument darstellen können. Gleichzeitig sind jedoch Maßnahmen in der Gesetzgebung erforderlich.

5. Ein neues Berufsbildungsgesetz muß wesentlich dazu beitragen, daß berufliche Bildung zu einem gleichwertigen Teil des Bildungssystems wird, indem

— Berufsausbildung, die im Anschluß an die Mittelstufe gewählt wird, als Teil der Oberstufe verstanden, geplant und durchgeführt werden muß und nicht in Sackgassen enden darf;
— berufliche Weiterbildung in Verbindung zur Oberstufe, zum Hochschulbereich und zur allgemeinen Erwachsenenbildung gebracht und geregelt wird.

Eine Erneuerung der beruflichen Bildung kann nicht von heute auf morgen geschehen. Sie muß mit Realismus und in zeitlichen Stufen angegangen werden. Das neue Berufsbildungsgesetz wird deshalb die Ziele angeben und zugleich deutlich machen, in welchen Schritten sie zu erreichen sind.

6. Die mit diesen Markierungspunkten vorgeschlagenen bildungspolitischen Maßnahmen entsprechen den Grundvorstellungen des Bildungsgesamtplans. Die für die berufliche Bildung von der Bund-Länder-Kommission für Bildungsplanung beschlossene Priorität ist berücksichtigt. Die vorgesehenen bildungspolitischen Maßnahmen können nur schrittweise verwirklicht werden.

Die finanziellen Auswirkungen für die öffentliche Hand — nur diese werden vom Budgetteil des Bildungsgesamtplans erfaßt — halten sich im Rahmen der dort entwickelten Vorstellungen für die Gesamtfinanzierung des Bildungswesens. Die finanzielle Absicherung kann nur im Zuge der Fortschreibung der mehrjährigen Finanzplanung von Bund und Ländern sowie der jährlichen Haushaltsentscheidungen erfolgen. Bei Überlegungen zur Finanzierung der Bildungsausgaben müssen Bund und Länder — wie im Budgetteil des Bildungsgesamtplans dargestellt und wie bei jeder Finanzierungsentscheidung — in Kenntnis ihrer politischen Prioritätensetzung die Vorstellungen über die gesamtwirtschaftliche Entwicklung, den möglichen Umfang des öffentlichen Gesamthaushalts im Verhältnis zur privaten Nachfrage und die voraussichtliche Entwicklung der übrigen öffentlichen Aufgabenbereiche berücksichtigen.

Durch die Neuorganisation der Berufsbildungsverwaltung werden für die öffentlichen Haushalte Kosten entstehen, von denen sich jetzt nur übersehen lassen:

— Für das Bundesamt für Berufsbildung: über die 18 Mio DM, die 1975 für das Bundesinstitut für Berufsbildungsforschung vorgesehen sind, hinaus nicht mehr als 10 Mio DM pro Jahr (auf der Preisbasis 1973).
— Bei den obersten Landesbehörden ergeben sich keine ins Gewicht fallenden Mehrkosten.
— Auf regionaler Ebene für die höheren Verwaltungsbehörden kann auf gegenwärtiger Preisbasis und unter der Annahme einer vollen personellen und sachlichen Ausstattung aller neu einzurichtenden Ämter mit etwa 120 Mio DM jährlich gerechnet werden. Dabei ist jedoch zu berücksichtigen, daß während einer Anlaufphase mit niedrigeren laufenden

Kosten zu rechnen ist und sich die Entwicklung der erforderlichen Investitionen im Zeitablauf gegenwärtig kaum abschätzen läßt. Von einer ehrenamtlichen Mitarbeit in den Ausschüssen wird auch weiterhin ausgegangen.

Bei den Verwaltungskosten ist außerdem zu berücksichtigen, daß die vorgesehenen Aufgaben, wenn auch in anderer Form, bereits heute zum großen Teil wahrgenommen werden, so daß sich gesamtwirtschaftlich kein zusätzlicher Verwaltungsaufwand ergeben dürfte.

Mittelbare Kostenfolgen für den öffentlichen Dienstleistungsbereich, die aus einer Umstellung der bisherigen Ausbildung entstehen können, sind dabei nicht berücksichtigt; sie müssen noch ermittelt werden.

Gesamtwirtschaftlich gesehen werden sich Auswirkungen durch die vorgesehenen Maßnahmen einmal dadurch ergeben, daß zusätzlich Personal erforderlich ist und produktive Leistungen von Auszubildenden eingeschränkt werden (Entzugswirkung). Weiter werden sich Auswirkungen aus der Expansion der Bau- und sonstigen Sachinvestitionen für die Erweiterung und Verbesserung der schulischen, betrieblichen und überbetrieblichen Ausbildungskapazitäten ergeben. Beides wurde bereits im Bildungsgesamtplan dargestellt.

Allerdings sind Aufwendungen für die berufliche Bildung auch als Investitionen zu betrachten, die zu einer Erhöhung der gesamtwirtschaftlichen Produktivität beitragen und mittel- bis langfristig unter Umständen die genannten Entzugswirkungen kompensieren bzw. überkompensieren können. Diese Produktivitätssteigerung wird dann eintreten, wenn Qualifikation und berufliche Mobilität der Arbeitnehmer verbessert werden und die Arbeitnehmer ihre erworbenen Qualifikationen am Arbeitsplatz entsprechend anwenden. Dadurch können vor allem die sonst durch Umschulung oder durch nicht optimale Beschäftigung von Erwerbstätigen entstehenden Aufwendungen vermindert werden.

Eventuelle Änderungen des Finanzierungssystems der beruflichen Bildung sind weder direkt noch indirekt Gegenstand dieser Markierungspunkte. Zu der Frage, ob und in welcher Weise die Finanzierung der Maßnahmen durch Umstellung der derzeitigen freiwilligen Aufbringung der Mittel seitens der Ausbildungsbetriebe auf ein anderes Finanzierungssystem möglich ist, kann erst nach Vorlage des Hauptberichts der Sachverständigenkommission Kosten und Finanzierung der beruflichen Bildung Stellung genommen werden (siehe Abschnitt „Neuregelung der Finanzierung").

II. Inhalte und Struktur der Berufsbildung

1. Ausbildungsgänge — Zugang und Gliederung

Die Ausbildungsordnungen sind so zu gestalten, daß

- *die Ausbildung sich in eine berufliche Grundbildung auf Berufsfeldbreite und eine berufliche Fachbildung mit zunehmender Spezialisierung gliedert;*
- *die Ausbildungsdauer sich vorwiegend am Umfang der Ausbildungsinhalte, der Anspruchshöhe der Ausbildungsziele und der anrechenbaren Vorbildung orientiert;*
- *der Ausbildungsinhalt in Lernzielen wiedergegeben wird;*
- *sie gemeinsam mit den Rahmenlehrplänen für die beruflichen Schulen erarbeitet werden und die Zuordnung der Ausbildungsinhalte zu den Lernorten Schule, Betrieb und überbetriebliche Ausbildungsstätte in gegenseitiger Abstimmung vorgenommen wird.*

Die einzelnen Ausbildungsgänge werden jeweils auf Grund einer Gesamtkonzeption inhaltlich festgelegt, die sowohl die außerschulische Berufsausbildung in den Ausbildungsordnungen als auch die schulische Berufsausbildung in den Rahmenlehrplänen umfaßt. Auf der Grundlage der Berufsbildungsforschung sind Ausbildungsordnungen und Rahmenlehrpläne jeweils zusammen zu erarbeiten. Die Zuordnung der Ausbildungsinhalte zu den Lernorten Schule, Betrieb und überbetriebliche Ausbildungsstätte erfolgt nach sachlichen und pädagogischen Gesichtspunkten unter Berücksichtigung einer sinnvollen zeitlichen Abfolge. Dabei sind auch betriebspraktische Notwendigkeiten und Gegebenheiten zu beachten. Die Ausbildung wird in eine berufliche Grundbildung und eine darauf aufbauende berufliche Fachbildung gegliedert. Die berufliche Grundbildung vollzieht sich auf Berufsfeldbreite. Ein Berufsbild umfaßt inhaltlich oder funktional verwandte Berufe und Berufsgruppen mit gemeinsamen Grundkenntnissen und Grundfertigkeiten, die als Basis für die weiterführende Ausbildung unerläßlich sind und für die Ausübung mehrerer Berufe in Frage kommen. Das Berufsgrundbildungsjahr wird als Vollzeitschuljahr und in kooperativer (dualer) Form regional und sektoral — entsprechend dem Ausbau der sachlichen und personellen Kapazitäten in schulischen und überbetrieblichen Ausbildungsstätten — eingeführt. Ein ausgewogenes Bildungsangebot muß gewährleistet sein.

Die berufliche Fachbildung baut auf der beruflichen Grundbildung auf. Sie ist durch zunehmende Spezialisierung gekennzeichnet und vermittelt Kenntnisse, Fertigkeiten und Einsichten, die zur Ausübung eines Berufes erforderlich sind.

Bei der Neuordnung der Berufsausbildung ist eine weitere Verringerung der Zahl der Ausbildungsberufe anzustreben. Berufliche Ausbildungsgänge sind so anzulegen, daß ihr Abschluß die Aufnahme einer qualifizierten beruflichen Tätigkeit ermöglicht. Sie sollen die berufliche Mobilität und die Durchlässigkeit innerhalb der beruflichen Bildungsgänge gewährleisten. Bei entsprechender Qualifikation muß die Fortsetzung der Bildung in weiterführenden Bildungsgängen möglich sein.

Der Zugang zu einer beruflichen Ausbildung wird in der Regel nicht an formale Bildungsabschlüsse gebunden.

Im Berufsbildungsgesetz ist sicherzustellen, daß in den Ausbildungsordnungen

— das Ausbildungsberufsbild den Ausbildungsinhalt in knapper, klar abgegrenzter Form, und zwar als Lernziele wiedergibt,
— der Ausbildungsrahmenplan den Ausbildungsgang nach sachlichen nud pädagogischen Aspekten inhaltlich konkretisiert und zeitlich gliedert,
— die Prüfungsanforderungen konkrete Angaben über den Prüfungsinhalt sowie fachspezifische Bewertungskriterien enthalten,

— die Ausbildungsdauer sich vorwiegend an Umfang und Anspruch der Ausbildungsinhalte und -ziele sowie der anrechenbaren Vorbildung orientiert,

— Kriterien für die Eignung von Ausbildungsstätten enthalten sind,

— Hinweise zu Lehr- und Lernverfahren und eventuell zum Einsatz von Medien gegeben werden.

Die Ausbildungsordnungen können und sollen den betrieblichen Ausbildungsablauf nicht in allen Einzelheiten regeln. Deshalb ist im Berufsbildungsgesetz festzulegen, daß die Ausbildungsstätte an Hand des in der Ausbildungsordnung enthaltenen Ausbildungsrahmenplanes einen individuellen Ausbildungsplan zu erstellen hat.

2. Ausbildungsabschlüsse und Berechtigungen

Das berufliche Prüfungswesen — für die Berufsausbildung und für die berufliche Weiterbildung — wird vereinheitlicht und objektiviert.

— *Abschluß- und Zwischenprüfungen beziehen sich auf die Ausbildungsleistungen aller beteiligten Lernorte und werden als staatliche Prüfungen durchgeführt.*

— *Die an den einzelnen Lernorten erbrachten und nachgewiesenen Leistungen werden bei der Abschlußprüfung, soweit dies möglich ist, berücksichtigt.*

— *Prüfungsordnungen werden durch Rechtsverordnung erlassen.*

Das berufliche Prüfungswesen soll vereinheitlicht und objektiviert werden. Dazu sind im Berufsbildungsgesetz u. a. folgende Regelungen zu treffen:

— Abschluß- und Zwischenprüfung beziehen sich auf die Ausbildungsinhalte der beteiligten Lernorte und werden vor staatlichen Prüfungsausschüssen abgelegt.

— Vorleistungen, wie die Leistungen in der Berufsschule und die Ergebnisse der Zwischenprüfungen, sind bei der Abschlußprüfung in die Bewertung einzubeziehen.

— Bewerber, die sich außerhalb der staatlich geordneten Bildungsgänge mit dem Prüfungsgegenstand vertraut gemacht haben, sind zu den Ausbildungsabschlußprüfungen zuzulassen.
— Prüfungsaufgaben sollen möglichst bundeseinheitlich erstellt werden.
— Prüfungen sollen nach objektivierten Verfahren durchgeführt werden.
— Prüfungsordnungen werden durch Rechtsverordnung erlassen.

Gleichwertige Bildungsinhalte sind in der Bewertung der Abschlüsse gleichzustellen. Das bedeutet, daß berufliche Qualifikationen (z. B. Facharbeiter, Techniker) auch in studienbezogenen Bildungsgängen anrechenbar gemacht oder ihren Abschlüssen gleichgestellt werden können, wie heute schon schulische Abschlüsse auf berufliche Ausbildungsabschlüsse angerechnet oder diesen gleichgestellt werden können.

3. Stätten der Berufsausbildung (Lernorte)

Die Oberstufe wird auch zukünftig mehrere Lernorte haben. Der Lernort Betrieb hat in der beruflichen Bildung weiterhin eine wichtige Aufgabe zu erfüllen.

Die Bildungsangebote von Betrieb, überbetrieblicher Ausbildungsstätte und Schule sind aufeinander zu beziehen und miteinander abzustimmen.

Berufsausbildung ist eine öffentliche Aufgabe. Sie wird jedoch nicht nur in öffentlichen Schulen, sondern auch in Betrieben und überbetrieblichen Ausbildungsstätten durchgeführt. Die Durchführung der Berufsausbildung an mehreren Lernorten unterschiedlicher Rechtsnatur macht es erforderlich, daß die Ausbildungsprogramme und Maßnahmen durch entsprechende Verfahren miteinander abgestimmt und nach einheitlichen Gesichtspunkten geordnet und kontrolliert werden. Die einheitliche Konzeption wird erreicht durch

— die gemeinsame Vorbereitung von Ausbildungsordnungen und Rahmenlehrplänen (siehe Abschnitte „Ausbildungsgänge“ und „Zusammenarbeit zwischen Bund und Ländern“),

— die Zusammenarbeit von Schule, Betrieb und überbetrieblicher Ausbildungsstätte in der Durchführung der Ausbildung (siehe Abschnitt „Ausbildungsgänge").

Die Ausbildung in Betrieb und überbetrieblicher Ausbildungsstätte und Schule hat nach Inhalt und Ziel der einzelnen Bildungsgänge aus pädagogischen und fachlichen Erwägungen unterschiedliche Anteile. Der Anteil der Fachtheorie und der allgemeinen Wissensgrundlagen in der Berufsausbildung wird in allen Berufen ansteigen; dadurch gewinnt der Lernort Schule an Gewicht. Insbesondere wird es längerfristig zweckmäßig sein, in dafür geeigneten Berufsfeldern und Berufen die berufliche Grundbildung und darüber hinaus in einzelnen Berufen auch die berufliche Fachbildung in der Schule durchzuführen. Nach den von der Bund-Länder-Kommission für Bildungsplanung beschlossenen „Vorschlägen für die Durchführung vordringlicher Maßnahmen" ist deswegen ein gezielter Ausgleich des Lehrerbedarfs im beruflichen Bildungswesen baldmöglichst zu erreichen und die räumliche und sächliche Ausstattung der beruflichen Schulen entsprechend zu verbessern.

Die überbetriebliche Ausbildung erweitert das Bildungsangebot des Lernorts Betrieb. Der verstärkte Ausbau überbetrieblicher Ausbildungsstätten soll sowohl zum Ausgleich des regionalen Bildungsangebots beitragen als auch sektorale und betriebsgrößenabhängige Ausbildungs- und Nachwuchsfragen lösen helfen. In diesem Zusammenhang ist auch die Ausbildungsbereitschaft der Wirtschaft, insbesondere der kleinen und mittleren Unternehmen zu fördern. Der Standort der überbetrieblichen Ausbildungsstätten ist so zu wählen, daß eine enge Zusammenarbeit mit der beruflichen Schule ermöglicht wird.

Die tägliche Ausbildungszeit in verschiedenen Lernorten ist so aufeinander abzustimmen, daß eine unangemessene Belastung Jugendlicher vermieden wird. Die geltende gesetzliche Regelung ist entsprechend zu verbessern.

4. Ausbildungspersonal

Die Position des Ausbilders im Betrieb und seine eigenständige Verantwortung für die Ausbildung sind zu stärken.

Die berufspädagogische und fachliche Eignung ist nachzuweisen. Staatliche Ausbilderprüfungen werden eingeführt.

Eine ausreichende Zahl von fachlich und berufspädagogisch qualifizierten Lehrern, Werkstattlehrern und Ausbildern ist eine entscheidende Voraussetzung für die Qualität der Berufsausbildung.

Die innerbetriebliche Stellung des Ausbilders hinsichtlich seiner Ausbildertätigkeit muß ausgebaut, seine Rechte müssen konkretisiert werden, um seine fachliche und pädagogische Kompetenz für die Ausbildung sicherstellen zu können. Es sind Voraussetzungen zu schaffen, die es ermöglichen, für alle Ausbilder Fortbildungsangebote zu machen und danach die ständige Fortbildung der Ausbilder zu regeln.

Die Mindestanforderungen an die berufspädagogische, fachliche und persönliche Eignung des Ausbildungspersonals in allen Bereichen der außerschulischen Berufsausbildung sind unter Berücksichtigung der Anforderungen der einzelnen Lernorte nach einheitlichen Grundsätzen gesetzlich zu regeln (siehe Abschnitt „Eignung der Ausbildungsstätten, staatliche Aufsicht"). Ausbildungsgang, Prüfungsinhalte und Prüfungsverfahren werden für Ausbilder durch Rechtsverordnung geregelt. Dabei ist darauf zu achten, daß Regelungen getroffen werden, die den Einsatz geeigneter Praktiker ermöglichen und fördern.

5. Berufsausbildungsvertrag

In der Regel werden Ausbildungsverträge mit dem Betrieb derart abgeschlossen werden, daß der Vertrag sich sowohl auf die betriebliche Ausbildung als auch auf die überbetriebliche Ausbildung erstreckt.

Es ist zusätzlich durch Gesetz die Möglichkeit zu eröffnen, Verträge getrennt mit jedem Lernort abzuschließen. Damit wird die stärkere Einbeziehung überbetrieblicher Ausbildungsstätten in den Fällen gefördert, in denen ein die betriebliche und die überbetriebliche Ausbildung umfassender Vertrag nicht zustande kommt.

Bei Abschluß von Verträgen über Teile der Berufsausbildung muß die Gesamtausbildung gesichert sein.

Es ist gesetzlich vorzusehen, daß die zuständige staatliche Behörde in begründeten Fällen dem Träger einer überbetrieblichen Ausbildungsstätte gestatten kann, von der Vergütungsregelung abzuweichen.

Da die öffentliche Aufgabe der Berufsbildung nicht nur in öffentlichen Einrichtungen durchgeführt wird und Lernorte mit unterschiedlichem Rechtscharakter (Schule, Betrieb, überbetriebliche Ausbildungsstätte) beteiligt sind, steht der Auszubildende zu diesen Lernorten in unterschiedlichen Rechtsbeziehungen:

— Zur Schule in der Regel in öffentlich-rechtlicher Beziehung; er benutzt als Schüler eine öffentlich-rechtliche Anstalt.
— Zum Betrieb und zur überbetrieblichen Ausbildungsstätte in privatrechtlicher Beziehung; er kann diese Lernorte, die entsprechend der Wirtschaftsordnung ganz überwiegend Rechtssubjekte privaten Rechts sind, nur über privatrechtliche Verträge zu seiner Berufsausbildung nutzen.

Daher ist eine gesetzliche Regelung erforderlich, die sichert, daß die bildungspolitischen Ziele der Berufsausbildung auch an den privaten Lernorten erreicht werden. Dies soll durch inhaltliche Vorgaben (Ausbildungsordnungen) staatliche Aufsicht (siehe „Eignung der Ausbildungsstätten, staatliche Aufsicht“) und durch gesetzliche Regelungen für den Berufsausbildungsvertrag erfolgen.

Das neue Berufsbildungsgesetz wird auf den geltenden vertragsrechtlichen Vorschriften (§§ 3 bis 18 BBiG) aufbauen und zusätzliche Regelungen schaffen, die gewährleisten, daß die Berufsausbildung — auch wenn sie an mehreren Lernorten durchgeführt wird — sachgerecht und rationell verlaufen kann.

Der Berufsausbildungsvertrag wird im Regelfall mit einem Ausbildungsbetrieb abgeschlossen und — soweit erforderlich — auch die überbetriebliche Ausbildung umfassen. Das bedeutet, daß der Ausbildende sich verpflichtet, die Berufsausbildung an diesen beiden Lernorten selbst durchzuführen oder durch den anderen Lernortträger durchführen zu lassen.

Für den Fall, daß ein Berufsausbildungsvertrag über die gesamte Ausbildung nicht abgeschlossen werden kann, ist die

Möglichkeit zu schaffen, Verträge über Teile der Berufsausbildung mit Genehmigung der zuständigen Behörde abzuschließen; Voraussetzung dafür ist, daß die Gesamtausbildung sichergestellt ist. Soweit eine überbetriebliche Ausbildungsstätte Vertragspartner ist, kann durch die zuständige staatliche Behörde in begründeten Fällen eine Abweichung von der Vergütungsregelung vorgesehen werden.

6. Jugendliche ohne Berufsausbildungsvertrag

Durch gezielte Maßnahmen soll erreicht werden, daß möglichts viele Jugendliche in anerkannten Ausbildungsberufen ausgebildet werden. Die Bundesregierung wird prüfen, ob hierzu die Verlängerung der Vollzeit-Bildungspflicht erforderlich ist.

Es werden Bildungsgänge für solche Jugendliche eingeführt, die eines besonderen beruflichen Bildungsangebots bedürfen.

Die weitaus meisten Jugendlichen befinden sich zwar heute in weiterführenden Vollzeitschulen oder einem Berufsausbildungsverhältnis. Es gibt jedoch noch rund 230 000 Jugendliche ohne Berufsausbildungsvertrag (Jungarbeiter, Jungangestellte, mithelfende Familienangehörige, arbeitslose Jugendliche). Als Gründe hierfür werden insbesondere angesehen: soziale Lage und mangelndes Bildungsverständnis der Eltern, unzureichende Vorbildung, höheres Einkommen im Vergleich zur Ausbildungsvergütung, fehlende Motivation, mangelndes Angebot, abweichendes Lernverhalten auf Grund behebbarer Störungen und anlagebedingter, nicht aufhebbarer Beeinträchtigungen. Hinzu kommen bei jugendlichen Ausländern fehlende Sprachkenntnisse, abweichende Vorbildung, ungewisse Aufenthaltsdauer. Durch gezielte Maßnahmen soll erreicht werden, daß möglichst viele dieser Jugendlichen in anerkannten Ausbildungsberufen ausgebildet werden. Solche Maßnahmen sind insbesondere:

— Verstärkung der Bildungsberatung und der Berufsberatung nach der 7. Klasse;

— Verbesserung des regionalen Bildungsangebots;

— Einführung von Sonderformen des Berufsgrundbildungsjahres;

— Einrichtung einjähriger, auf Sonderformen des Berufsgrundbildungsjahres aufbauender Bildungsgänge für solche Jugendliche, die eines besonderen pädagogischen Angebots für die Fortführung der beruflichen Grundbildung und Teile der beruflichen Fachbildung bedürfen, insbesondere im Hinblick auf die Durchlässigkeit zu den in Ausbildungsordnungen geregelten Ausbildungsgängen;

— Verstärktes Angebot von Vollzeitförderlehrgängen verschiedener Träger, die auf eine Berufsausbildung vorbereiten und heute bereits von der Bundesanstalt für Arbeit nach dem Arbeitsförderungsgesetz gefördert werden;

— Ergänzende Maßnahmen der Jugendhilfe.

Im Rahmen dieser Maßnahmen sind für ausländische Jugendliche besondere Förderlehrgänge zum Ausgleich sprachlicher Benachteiligungen und abweichender Vorbildung einzurichten.

Arbeitsverträge sollen künftig nur noch mit Jugendlichen abgeschlossen werden dürfen, wenn nachgewiesen wird, daß vorher eine ausreichende individuelle Berufsberatung durch das Arbeitsamt stattgefunden hat.

Der Bund wird in Zusammenarbeit mit den Ländern den Bau von Ausbildungsstätten verstärkt fördern, in denen Sonderformen des Berufsgrundbildungsjahres und darauf aufbauende einjährige Bildungsgänge durchgeführt werden können.

Darüber hinaus sollte geprüft werden, ob dem Problem der Jugendlichen ohne Ausbildungsvertrag durch eine gesetzliche Bildungspflicht, die über die bisherige Berufsschulpflicht hinausgeht, wirksam begegnet werden kann. Dies würde allerdings voraussetzen, daß zugleich ein entsprechendes Bildungsangebot sichergestellt ist.

7. Berufliche Weiterbildung

Es werden staatliche Fortbildungsordnungen eingeführt, die Fortbildungsberufe und Teilqualifikationen regeln. Für staatlich anerkannte Fortbildungsberufe darf nur in geeigneten Fortbildungsstätten nach der Fortbildungsordnung fortgebildet werden.

Soweit und solange staatliche Fortbildungsordnungen nicht bestehen, können die Kammern für ihren Bereich Fortbildungsgänge und -abschlüsse mit Genehmigung der Landesbehörde regeln.

Akkreditierung und staatliche Aufsicht werden wie in der Berufsausbildung gestaltet.

Im geltenden Berufsbildungsgesetz ist die berufliche Weiterbildung (berufliche Fortbildung und Umschulung) in den §§ 46 und 47 nicht ausreichend geregelt. Die wachsende Bedeutung der Weiterbildung für den einzelnen, die Gesellschaft und die Wirtschaft erfordert eine Erweiterung der staatlichen Ordnungsmöglichkeiten unter Berücksichtigung der Zusammenhänge mit der Berufsausbildung und dem tertiären Bereich des Bildungswesens. Die Vielzahl und die Eigenverantwortlichkeit der Weiterbildungsträger und die Vielseitigkeit des Angebots sollen erhalten bleiben.

Das neue Berufsbildungsgesetz wird insbesondere folgende Regelungen enthalten:

— Fortbildungsberufe, -gänge und -abschlüsse können durch Rechtsverordnungen staatlich geregelt werden; bei der Fortbildung in diesen Berufen und Bildungsgängen ist die staatliche Fortbildungsordnung zugrundezulegen.

— Soweit und solange staatliche Fortbildungsordnungen nicht bestehen, können die Kammern für ihren Bereich Fortbildungsgänge und -abschlüsse mit Genehmigung der Landesbehörde regeln.

— Bewerber, die sich außerhalb geordneter Bildungsgänge mit dem Prüfungsgegenstand vertraut gemacht haben, sind zur Fortbildungsprüfung zuzulassen.

— Veranstalter von Fortbildungsmaßnahmen, die nicht in einer Fortbildungsordnung geregelt sind, können auf Antrag die Eignung ihrer Fortbildungsmaßnahmen feststellen und durch Erteilung eines Gütesiegels bestätigen lassen, daß Inhalt, Dauer, Ziel und Art der Durchführung einen erfolgreichen Abschluß erwarten lassen.

— Umschulungsmaßnahmen sollen zu den durch die Berufsausbildung in anerkannten Ausbildungsberufen erreichbaren Abschlüssen führen.

— Für öffentlich-rechtlich geregelte Fortbildungsmaßnahmen sowie für Umschulungsmaßnahmen gelten die für die Berufsausbildung zu treffenden Regelungen für die Eignung der Ausbildungsstätten und die staatliche Aufsicht entsprechend.

— Bei staatlich anerkannten Fortbildungsberufen werden die Prüfungen vor staatlichen Prüfungsausschüssen abgelegt; die Prüfungsordnung wird durch Rechtsverordnung geregelt.

Die Förderungsvorschriften zur Durchführung des Arbeitsförderungsgesetzes müßten in Anpassung an die hier dargelegte Ordnung fortentwickelt werden.

8. Eignung der Ausbildungsstätten, staatliche Aufsicht

Betriebliche und überbetriebliche Ausbildungsstätten sind erst zur Ausbildung zuzulassen, wenn ihre Eignung in einem förmlichen Verfahren festgestellt worden ist (Akkreditierung).

Die Eignung bestimmt sich nach personellen und sachmittelbezogenen Kriterien, die allgemeiner und fachspezifischer Art sind.

Eine gleiche Regelung gilt für Fortbildungsstätten, die nach staatlichen Fortbildungsordnungen fortbilden.

Eignungsfeststellung und Aufsicht über die Durchführung der außerschulischen beruflichen Bildung sind staatliche Aufgaben.

Die Eignung eines Betriebes oder einer überbetrieblichen Ausbildungseinrichtung muß hinsichtlich

— der Ausbildungsstätte und

— des Ausbildungspersonals (siehe „Ausbildungspersonal")

gewährleistet sein.

Die Eignungsvoraussetzungen müssen vor Aufnahme der Ausbildungstätigkeit in einem förmlichen Verfahren festgestellt werden (Akkreditierung).

Diesen Grundsatz hat das Berufsbildungsgesetz festzulegen und darüber hinaus die allgemeinen Kriterien für die Eignung aufzuführen. Diese können insbesondere sein:

— die Art der Ausbildungsstätte und des Ausbildungsprogramms;
— die Ausstattung der Ausbildungsplätze;
— die Zahl der Ausbilder im Verhältnis zur Zahl der Auszubildenden.

In das Berufsbildungsgesetz ist eine Ermächtigung zum Erlaß von Rechtsverordnungen aufzunehmen, die Eignungskriterien bestimmen.

Die Eignung einer Ausbildungsstätte und die Einhaltung des Ausbildungsplanes sind regelmäßig zu überwachen. Schwere oder wiederholte Verstöße gegen Rechtsvorschriften, insbesondere die Nichteinhaltung des Ausbildungsplans, müssen unter Gewährleistung der Interessen der Auszubildenden zum Widerruf der Akkreditierung führen.

Für die Einführung der Akkreditierung ist eine angemessene Übergangsregelung zu schaffen.

9. Einheitlichkeit und Geletungsbereich des Berufsbildungsgesetzes

Der Geltungsbereich des Berufsbildungsgesetzes ist im Rahmen der verfassungsrechtlichen Möglichkeiten auszudehnen. Der Grundsatz der Einheitlichkeit muß für den gesamten vom Berufsbildungsgesetz erfaßten Bereich gelten.

Im Interesse der Gleichbehandlung und des Abbaues von Chancenungleichheiten ist die gesamte berufliche Bildung nach gleichen Grundsätzen zu gestalten. Darum ist bei der Neufassung des Berufsbildungsgesetzes die gesamte außerschulische Berufsbildung nach einheitlichen Vorschriften zu regeln, soweit nicht aus verfassungsrechtlichen Gründen Abweichungen zwingend geboten sind. Deshalb wird mit Ausnahme der Berufsbildung in einem öffentlich-rechtlichen Dienstverhältnis (Beamte, Richter, Soldaten) die gesamte außerschulische Berufsbildung vom Berufsbildungsgesetz geregelt.

Das bedeutet, daß die bisher im Berufsbildungsgesetz bestehenden Ausnahmen aufzuheben sind:

— Für die Ausbildung im Handwerk gelten die Vorschriften des Berusbildungsgesetzes. Die Vorschriften für die Berufsausbildung im Handwerk werden in das Berufsbildungsgesetz einbezogen und in die Handwerksordnung zusätzlich eingefügt.

— Die Ausnahmevorschrift im Berufsbildungsgesetz für die Seeschiffahrt wird aufgehoben und das neugefaßte Berufsbildungsgesetz auf diesen Bereich ausgedehnt, wobei den Besonderheiten der Seeschiffahrt in diesem Gesetz Rechnung zu tragen ist.

— Die Übergangsvorschrift für Heilhilfsberufe entfällt; dieser Bereich unterliegt dem Berufsbildungsgesetz, soweit nicht durch Bundesrecht nach Art. 74 Nr. 19 Grundgesetz oder durch Landesrecht die Berufsbildung schulisch geregelt wird.

— Bei einem Berufsausbildungsverhältnis im öffentlichen Dienst, das ausdrücklich mit dem ausschließlichen Ziel einer späteren Verwendung als Beamter begründet wird, gilt das Berufsbildungsgesetz nur dann nicht, wenn eine dem Vorbereitungsdienst für Beamte gleichwertige Ausbildung mit dem Ziel des Erwerbs der Laufbahnbefähigung durchgeführt wird.

Der Grundsatz der Einheitlichkeit muß für den gesamten vom Berufsbildungsgesetz erfaßten Bereich gelten. Darum sind die Berufsbildungsvorschriften für das Handwerk an die übrige Regelung anzugleichen.

Daraus folgt für die Berufsbildung im Handwerk:

— Abweichende Regelungen über die Organisation und die Zusammensetzung der Prüfungsausschüsse werden aufgegeben.

— (Eine Aussage zu Berufsbildungsausschüssen der Kammern ist im Hinblick auf die Einfügung der Absätze 5 auf Seite 36 und 2 auf Seite 37 entfallen).

— Durchlässigkeit zwischen dem handwerklichen und dem industriellen Bereich wird dadurch verbessert, daß im Handwerk die Bindung der Ausbildungsberufe an die Anlage A der Handwerksordnung (Verzeichnis der Gewerbe, die als Handwerk betrieben werden können) aufgegeben wird. Beim Erlaß von Ausbildungsordnungen muß die Zurechenbarkeit der Ausbildungsberufe zu den Ausübungsberufen berücksichtigt werden. Damit wird erreicht, daß Strukturen und Inhalte der Ausbildungsberufe für die gesamte gewerbliche Wirtschaft nach einheitlichen Maßstäben bestimmt werden können.

— Eine Sonderregelung gilt für den Nachweis der Ausbildereignung im Handwerk. Dieser Nachweis wird durch die Handwerksmeisterprüfung geführt, eine Ausbilderprüfung mit entsprechenden fachlichen und pädagogischen Anforderungen kann dieser gleichgestellt werden.

10. Neuregelung der Finanzierung

Das Finanzierungssystem der Berufsbildung muß so geschaffen sein, daß es zu einem qualitativ und quantitativ ausgewogenen Angebot in der beruflichen Bildung beiträgt.

Wenn der Hauptbericht der Sachverständigenkommission „Kosten und Finanzierung der beruflichen Bildung“ vorliegt, wird über eine optimale Regelung zu entscheiden sein.

Die Finanzierung betrieblicher Bildungsprozesse durch die einzelnen ausbildenden Unternehmen wird von dem Interesse an der Heranbildung und Förderung von Fachkräften und von anderen wirtschaftlichen Gründen bestimmt. Wirtschaftliche Interessen sollten bei der Verwirklichung vorrangiger bildungspolitischer Ziele, wie die Anhebung der Qualität und die Herstellung eines fachlich und regional ausgewogenen Angebots von Ausbildungsplätzen zurücktreten.

Die Anhebung der Anforderungen durch vom Staat gesetzte Qualitätsnormen kann auch bei gleichbleibender Quantität Kostensteigerungen in den ausbildenden Unternehmen auslösen. Der Wettbewerb der ausbildenden mit nichtausbildenden Unternehmen darf aber nicht zu Einschränkungen der betrieblichen Bildungsaktivitäten führen mit der Folge, daß kein ausreichendes Angebot an Ausbildungsplätzen zur Verfügung steht. Zur Verwirklichung der bildungspolitischen Ziele der Qualitätsanhebung und der Ergänzung des Angebots betrieblicher Bildungsprozesse ist ein Finanzierungssystem erforderlich, das dazu beiträgt, die durch die betrieblichen Bildungsmaßnahmen entstehenden Kostenbelastungen auszugleichen und eventuell bestehende Wettbewerbsnachteile der Ausbildungsbetriebe zu beseitigen.

Die Sachverständigenkommission Kosten und Finanzierung der beruflichen Bildung wird zum Ende des Jahres zu diesen Fragen in ihrem Hauptbericht Stellung nehmen. Diese Stellungnahme muß zunächst abgewartet werden, bis Entscheidungen getroffen werden können.

Die Diskussion der Finanzierungsprobleme wird innerhalb der Bundesregierung nach Vorlage des Hauptberichts der Sachverständigenkommission Ende dieses Jahres beginnen und zügig geführt werden.

III. Organisation und Verwaltung

Eine Reform der Inhalte und Strukturen der beruflichen Bildung muß durch eine geeignete Organisation der Berufsbildungsverwaltung unterstützt und gefördert werden. Die Neuordnung der Organisation hat vor allem zu beachten, daß

— die Regelungen die Verflechtung und Verzahnung beruflicher und allgemeiner Bildung ermöglichen und fördern,

— die Einheitlichkeit der Konzeption durch die Zusammenarbeit zwischen Bund und Ländern gesichert wird,

— die staatliche Verantwortung für die Gestaltung und Durchführung der beruflichen Bildung sichergestellt ist,

— die zu beteiligenden Gruppen gleichberechtigt mitwirken,

— das für die Fortentwicklung der Berufsbildung unverzichtbare Engagement der beteiligten Gruppen gefördert wird,

— der Verwaltungsaufbau eine möglichst effektive, einheitliche und praxisnahe Aufgabenerfüllung gewährleistet.

1. Zusammenarbeit zwischen Bund und Ländern

Durch Zusammenarbeit von Bund und Ländern ist zu sichern, daß Ausbildungsordnungen und Rahmenlehrpläne gemeinsam erarbeitet werden. Die Notwendigkeit der Zusammenarbeit gilt auch für die Gestaltung der Ausbildung und der Weiterbildung sowie für die Berufsbildungsforschung und die Entwicklung und den Einsatz von Bildungstechnologie. Diese Zusammenarbeit soll, soweit es rechtlich möglich ist, durch das Berufsbildungsgesetz institutionalisiert werden. Ergänzende Regelungen müssen durch Vereinbarungen zwischen Bund und Ländern geschaffen werden.

Bund und Länder nehmen in der beruflichen Bildung unterschiedliche Aufgaben wahr, die sie in selbständigen, voneinander getrennten Verwaltungseinrichtungen zum Teil auf der Grundlage verschiedener Rechtsvorschriften erfüllen. Trotz dieser Trennung und Verschiedenartigkeit müssen sich die Ergebnisse ihrer Arbeiten zu einer sinnvollen Einheit zusammenfügen lassen. Nur auf diese Weise können die bildungspolitischen Ziele erreicht werden. Aus diesem Grunde haben Bund und Länder begonnen, im Rahmen der Bund-Länder-Kommission für Bildungsplanung eine gemeinsame Konzeption der Bildungsreform zu entwickeln. Auch bei der Durchführung von Bildungsmaßnahmen muß die Zusammenarbeit zwischen Bund und Ländern immer enger und wirkungsvoller gestaltet werden. Dieses Erfordernis gilt in uneingeschränktem Maße für den gesamten Bereich der beruflichen Bildung. Die Bund-Länder-Kommission hat am 8. Oktober 1973 beschlossen, einen umfassenden Stufenplan für die berufliche Bildung zu erstellen.

Bund und Länder haben zur Abstimmung der Ausbildungsordnungen und der Rahmenlehrpläne ein gemeinsames Gremium, den „Koordinierungsausschuß zur Abstimmung von Ausbildungsordnungen und Rahmenlehrplänen" geschaffen. Die Notwendigkeit einer gemeinsamen Erarbeitung ist in diesem Bereich besonders durch die Tatsache begründet, daß in der Mehrzahl der Ausbildungsgänge zwischen den Lernorten Betrieb und überbetriebliche Ausbildungsstätte, deren Lernprogramme der Bund zu regeln hat, und dem Lernort Schule, deren Ordnung heute bei den Ländern liegt, eine Arbeitsteilung erforderlich ist. Diese und andere Möglichkeiten einer Kooperation zwischen Bund und Ländern müssen intensiv genutzt und weiter ausgebaut werden. Die Zusammenarbeit wird, soweit es rechtlich möglich ist, durch das Berufsbildungsgesetz institutionalisiert. Ergänzende Regelungen sollen durch Vereinbarungen zwischen Bund und Ländern geschaffen werden.

2. Bundesbereich

Der Bund hat auf dem Gebiet der beruflichen Bildung insbesondere folgende *Aufgaben* zu erfüllen:

— Vorbereitung und Erlaß von Rechtsvorschriften, insbesondere Ausbildungsordnungen, Anrechnungs- und Gleichstellungsverordnungen, Fortbildungs- und Umschulungsordnungen, Ausbilder-Eignungsverordnungen, Akkreditierungsverordnungen,
— Zusammenarbeit mit den Ländern insbesondere mit dem Ziel bundes- mit landesrechtlichen Regelungen für die Lernorte abzustimmen,
— Planung und Förderung überbetrieblicher Ausbildungsstätten,
— Berufsbildungsforschung und wissenschaftliche Vorbereitung von Rechtsvorschriften,
— Erarbeitung, Erprobung und Durchführung von Modellversuchen,
— Klärung und Entscheidung grundsätzlicher und allgemeiner Fragen auch im internationalen und supranationalen Bereich,
— Beobachtung und Weiterentwicklung des Fernunterrichtswesens,
— Statistik und Dokumentation.

Weitere Aufgaben können für den Bund entstehen, falls neue Finanzierungsformen der beruflichen Bildung eingeführt werden.

Hierzu ist folgende Organisation notwendig:

a) Bundesregierung

Mit der Übertragung der Grundsatz- und Koordinierungszuständigkeit auf den BMBW ist ein erster entscheidender Schritt zur Vereinheitlichung der Berufsbildungspolitik getan worden, der bereits positive Ergebnisse gebracht hat. Die Konzentration der Zuständigkeiten schafft bessere Voraussetzungen, die gegenseitigen Abhängigkeiten zwischen Mittelstufe und Oberstufe einerseits sowie Oberstufe und Hochschulbereich andererseits zu berücksichtigen. Damit werden auch die Möglichkeiten einer erfolgreichen Kooperation mit den Ländern und einer Koordinierung der bundes- und landesrechtlichen Regelungen verstärkt. Im einzelnen bedeutet dies für die Neufassung des Berufsbildungsgesetzes:

— Der BMBW hat die federführende Zuständigkeit für alle innerhalb der Bundesregierung zu erfüllenden Grundsatz- und Koordinierungsaufgaben der beruflichen Bildung.

— Die Ausbildungsordnungen, Anrechnungs- und Gleichstellungsverordnungen sowie die Verordnungen über die fachliche Eignung der Ausbilder werden vom jeweils zuständigen Minister im Einvernehmen mit dem BMBW erlassen.

— Alle übrigen Rechtsverordnungen werden vom BMBW erlassen, und zwar die Fortbildungs- und Umschulungsverordnungen sowie die Verordnungen über die berufs- und arbeitspädagogische Eignung der Ausbilder im Einvernehmen mit dem jeweils beteiligten Minister, die übrigen nach den Regeln der gemeinsamen Geschäftsordnung.

Die nach dem Arbeitsförderungsgesetz bestehenden Zuständigkeiten bleiben unberührt.

b) Bundesamt

Die Erledigung solcher Administrations-, Forschungs- und Entwicklungsaufgaben, die nicht innerhalb der Bundesregierung selbst zu bearbeiten sind, wird einer Bundesoberbehörde (Bundesamt für Berufsbildung) übertragen, wobei organisatorische Fragen noch geklärt werden müssen. Die Länder werden an diesen Arbeiten, soweit dies rechtlich möglich ist, mit wesentlichem Gewicht institutionell beteiligt.

Das Bundesinstitut für Berufsbildungsforschung wird in das Bundesamt eingegliedert.

Das Bundesamt soll

— die staatliche Verantwortung für Bildungsfragen verstärken und die Integration mit der staatlichen Bildungspolitik sowie die Bundeseinheitlichkeit der Berufsbildung gewährleisten.

— die Abstimmung und Kooperation zwischen Bund und Ländern erleichtern,

— die Flexibilität im Hinblick auf die Weiterentwicklung des Bildungswesens, insbesondere zur Verflechtung von beruflicher und allgemeiner Bildung gewährleisten,

— eine direkte und wirksame parlamentarische Kontrolle ermöglichen.

Das Bundesamt führt die bisherigen Aufgaben des Bundesinstituts für Berufsbildungsforschung fort und übernimmt weitere Aufgaben. Insbesondere sollen folgende Aufgaben erfüllt werden:

— Vorbereitung von Entwürfen für Ausbildungsordnungen zusammen und in Abstimmung mit den entsprechenden Entwürfen von Rahmenlehrplänen,

— Vorbereitung von Entwürfen für Ausbildereignungsverordnungen,

— Vorbereitung von Entwürfen für Weiterbildungsordnungen,

— Vorbereitung von Entwürfen für Anrechnungs- und Gleichstellungsverordnungen, Akkreditierungsverordnungen und sonstigen Verordnungen für die berufliche Bildung,

— Aufstellung von Bedarfs- und Standortplänen für überbetriebliche Ausbildungsstätten in Abstimmung mit den Ländern,

— Förderung überbetrieblicher Ausbildungsstätten,

— Erarbeitung und Erprobung von Modellen der Unterrichtstechnologie sowie Mitwirkung bei ihrer Einführung,

— Feststellung der Eignung von beruflichen Fortbildungsmaßnahmen,
— Beobachtung und Weiterentwicklung des Fernunterrichtswesens, Überprüfung von Fernunterrichtslehrgängen,
— Statistik und Dokumentation der beruflichen Bildung.

Das Bundesinstitut für Berufsbildungsforschung wird in das Bundesamt eingegliedert, um eine enge und wirkungsvolle Zusammenarbeit zwischen Forschung und Verwaltung zu sichern.

Falls neue Finanzierungsformen der beruflichen Bildung eingeführt werden, ist zu prüfen, ob dem Bundesamt Durchführungsaufgaben übertragen werden.

Bei der Vorbereitung der Ausbildungsordnungen durch das Bundesamt werden die Länder so beteiligt, daß jeweils eine einheitliche Konzeption für Ausbildungsordnung und Rahmenlehrplan erarbeitet werden kann.

Die Beteiligung der Länder an den für die Berufsbildung zuständigen Institutionen des Bundes ist im Rahmen der verfassungsrechtlichen Möglichkeiten bereits im Berufsbildungsgesetz zu regeln.

Der Bund wird Regelungen schaffen, die den Ländern Gelegenheit geben, ihre bildungspolitischen Vorstellungen und Absichten auch in anderen Bereichen der Berufsbildung, wie beispielsweise in Fragen des Fernunterrichts und der Medienentwicklung, durch Teilnahme an der Arbeit des Bundesamtes für Berufsbildung zu verwirklichen.

Da das Bundesinstitut für Berufsbildungsforschung den Kern des neuen Bundesamtes bilden wird, müssen nicht alle organisatorischen, technischen und personellen Voraussetzungen für den Beginn der Arbeit des Bundesamtes neu geschaffen werden.

Vor der Errichtung des Bundesamtes

— ist zu prüfen, ob und in welcher Weise das Bundesverwaltungsamt in diesem Zusammenhang eine Aufgabe übernehmen kann,

— ist eine Stellungnahme des Bundesrechnungshofes oder des Bundesbeauftragten für die Wirtschaftlichkeit in der Verwaltung einzuholen,
— sind organisatorische Lösungen zu schaffen, die die Beziehungen zwischen dem BMBW, den übrigen beteiligten Ministerien und dem Bundesamt zweckmäßig regeln.

3. Landesbereich

Im Bereich der Zuständigkeit der Länder sind insbesondere folgende Aufgaben der beruflichen Bildung zu erfüllen:

— Klärung und Entscheidung grundsätzlicher und allgemeiner Fragen, die sich auf Landesebene ergeben,
— Erarbeitung von Bedarfs- und Standortplänen für überbetriebliche Ausbildungsstätten im Landesbereich,
— Förderung überbetrieblicher Ausbildungsstätten,
— Erlaß von Vorschriften für das berufliche Schulwesen und Verwaltung der beruflichen Schulen,
— Aufsicht über die Selbstverwaltungseinrichtungen im Landesbereich (Kammern),
— Feststellung der Eignung der Ausbildungs- und Umschulungsstätten sowie von Fortbildungseinrichtungen (Akkreditierung),
— Fortlaufende Überwachung der Ausbildungs- und Umschulungsstätten sowie von Fortbildungseinrichtungen im Hinblick auf ihre Eignung und die Beachtung von Rechtsvorschriften,
— Untersagung des Einstellens und Ausbildens,
— Errichtung von Prüfungsausschüssen für Ausbildungsabschlußprüfungen, Zwischenprüfungen, Umschulungs- und Fortbildungsprüfungen, Ausbilderprüfungen, Berufung der Ausschußmitglieder, Zulassung zu den Prüfungen und ihre Durchführung,
— Geschäftsführung der Prüfungsausschüsse,
— Führung des Verzeichnisses der Ausbildungsverhältnisse,

— Führung des Verzeichnisses akkreditierter Aus- und Weiterbildungsstätten,
— Beratung in Berufsbildungsfragen, ausgenommen Aufgaben der Bundesanstalt für Arbeit,
— Statistik und Dokumentation.

Diese Aufgaben sind teils auf der Ebene der Landesregierung, teils auf regionaler Ebene durchzuführen.

a) Landesregierung

Den Ländern wird vorgeschlagen, die Zuständigkeiten für Bildungsfragen innerhalb der Landesregierung zu konzentrieren.

Die Zuständigkeit des Landesausschusses für Berufsbildung sollte landesrechtlich auf den schulischen Bereich der Bildung erweitert werden.

Aus den gleichen Erwägungen wie sie für die Organisation und Verwaltung auf Bundesebene angestellt worden sind, sollten auch die Zuständigkeiten innerhalb der Landesregierung in einem „Bildungsministerium“ zusammengefaßt werden. Bund und Länder sollten diese Lösung im Zusammenhang mit der Neufassung des Berufsbildungsgesetzes auf der Grundlage des in der Bund-Länder-Kommission für Bildungsplanung gemeinsam gefaßten Beschlusses vom 6. 7. 1972 zu realisieren suchen.

Die organisatorische Verzahnung schulischer und außerschulischer Berufsbildung wird verstärkt und die Abstimmung zwischen beiden Bereichen gefördert, wenn die Zuständigkeit des Landesausschusses für Berufsbildung landesrechtlich auf den schulischen Bereich der Bildung erweitert und insbesondere ein Anhörungsrecht bei schulischen Bildungsmaßnahmen von grundsätzlicher Bedeutung vorgesehen wird. Den Ländern wird deshalb eine entsprechende Aufgabenerweiterung des Landesausschusses vorgeschlagen.

b) Regionalebene

Die Aufgaben der Eignungsfeststellung und der Aufsicht in der außerschulischen beruflichen Bildung werden von staat-

lichen Behörden (höhere Verwaltungsbehörden) wahrgenommen. Die Prüfungsausschüsse werden als staatliche Ausschüsse errichtet.

Die zuständigen Stellen nach dem Berufsbildungsgesetz (Kammern) nehmen auch weiterhin Aufgaben der Berufsbildung wahr.

Für die Erfüllung der Aufgaben auf der regionalen Ebene wird eine Aufteilung zwischen den bereits heute mit Berufsbildungsfragen befaßten höheren Verwaltungsbehörden und den zuständigen Stellen (Kammern) vorgenommen.

Für diese Lösung spricht:

— Die Verflechtung schulischer und betrieblicher Berufsbildung wird dadurch gefördert, daß unter wesentlicher Erweiterung ihrer fachlichen Kompetenz die gleiche Behörde für Akkreditierung, Aufsicht und Prüfungswesen zuständig wird, die auch für den schulischen Bereich Verantwortung trägt.

— Akkreditierung und Aufsicht werden von Institutionen durchgeführt, deren Neutralität und Objektivität auch in der öffentlichen Anschauung eindeutig feststehen.

— Der Sachverstand und die Praxisnähe der bisher zuständigen Stellen können weiter genutzt werden.

Dementsprechend werden die Aufgaben auf regionaler Ebene wie folgt geordnet:

Staatliche Verwaltungsbehörden sind für die Akkreditierung und Aufsicht über die betrieblichen und überbetrieblichen Berufsbildungseinrichtungen zuständig und führen das Verzeichnis der akkreditierten Aus- und Weiterbildungsstätten. Um die Einheitlichkeit der Entscheidungskriterien für den schulischen und außerschulischen Bereich sicherzustellen, sollten diese Aufgaben unter wesentlicher Erweiterung ihrer fachlichen Kompetenz dieselben Behörden erledigen, die für den schulischen Bereich auf Bezirksebene tätig sind. Dies gilt für Berufsbildungsstätten des Bundes mit der Maßgabe, daß an die Stelle der höheren Verwaltungsbehörde die zuständige Bundesbehörde tritt. Soweit Organe der Rechtspflege einbezogen werden, wird geprüft, ob deren Besonderheiten zu beachten sind.

Die staatlichen Prüfungsausschüsse setzen sich aus sachverständigen Vertretern, der an der beruflichen Bildung Beteiligten zusammen. Bei der Ausbildungsabschlußprüfung sind dies Vertreter der Arbeitnehmer, der Arbeitgeber und des Schulwesens; dabei sind die Ausbilder zu beteiligen.

Entsprechendes gilt für staatliche Fortbildungsprüfungen mit der Maßgabe, daß an die Stelle der Vertreter des Schulwesens Lehrkräfte von Fortbildungsstätten treten; sofern ein staatlicher Prüfungsausschuß bei einer Fortbildungsstätte errichtet wird, gehören ihm Lehrkräfte dieser Fortbildungsstätte an.

Die Geschäftsführung der staatlichen Prüfungsausschüsse für Ausbildungsabschlußprüfungen obliegt den Kammern. Die Prüfungsausschüsse werden in der Regel am Sitz von Kammern errichtet.

Bei der Ausbilderprüfung und bei der Fortbildungsprüfung liegt die Geschäftsführung der Prüfungsausschüsse bei der zuständigen Verwaltungsbehörde; sie sollte in begründeten Fällen auf Kammern oder Fortbildungsstätten übertragen werden.

Die übrigen auf Bezirksebene zu erledigenden Aufgaben werden von den Kammern erfüllt. Im einzelnen haben die *Kammern* folgende Aufgaben:

— Ein Vorschlagsrecht und Mitwirkung bei der Akkreditierung von Ausbildungsstätten,
— Führung des Verzeichnisses der Ausbildungsverhältnisse,
— Geschäftsführung der Prüfungsausschüsse,
— Beratung der Kammerangehörigen in Berufsbildungsfragen,
— statistische Zusammenfassung wichtiger Daten.

Um Umstellungsschwierigkeiten und Leerlaufsphasen möglichts zu vermeiden, soll die Neuverteilung der Zuständigkeiten schrittweise vorgenommen werden. Es sind Übergangsregelungen zu schaffen, die eine Neuverteilung der Aufgaben zwischen den staatlichen Verwaltungsbehörden und den Kammern innerhalb eines angemessenen Zeitraumes nach Inkrafttreten des neuen Berufsbildungsgesetzes ermöglichen.

4. Mitwirkung und Mitbestimmung.

Bei den für die berufliche Bildung auf den verschiedenen Ebenen — Bund, Land, Bezirk — zuständigen Institutionen sind Mitwirkung und Mitbestimmung der zu beteiligenden Gruppen gesetzlich sicherzustellen.

Die Mitwirkungsmöglichkeiten der Ausbilder und Auszubildenden sind zu verbessern.

In der beruflichen Bildung ist die Mitwirkung und Mitbestimmung der Beteiligten in mehrfacher Hinsicht erforderlich. Sie sollen die Erfahrungen und Interessen der in der Wirtschaft Tätigen für das staatliche Handeln nutzbar machen. Sie sollen den gleichgewichtigen Einfluß der Arbeitgeber und Arbeitnehmer sicherstellen; und sie sollen die Mitwirkung der unmittelbar Betroffenen bei der Gestaltung und Entscheidung über ihre Berufsbildung ermöglichen.

Durch gesetzliche Regelung ist sicherzustellen, daß die beteiligten Gruppen diese Funktionen der Mitwirkung und Mitentscheidung hinreichend in den Verwaltungseinrichtungen wahrnehmen können. Die beteiligten Gruppen sollten nicht nur beratende Funktion haben, sondern, soweit das rechtlich möglich und in der Sache erforderlich ist, auch Einfluß auf das Tätigwerden der entsprechenden Stellen haben. Der Sachverstand soll optimal genutzt und das Engagement der Wirtschaft soll optimal gefördert werden.

Die Notwendigkeit der Errichtung eines Berufsbildungsausschusses bei den Kammern sowie dessen Aufgaben und Rechte stehen in einem direkten Zusammenhang mit den Aufgaben, die den Kammern in der Berufsbildung nach dem Berufsbildungsgesetz obliegen. Die Bundesregierung ist der Auffassung, daß angesichts der Verlagerung der Zuständigkeiten auf staatliche Stellen eine Fortführung der Vielzahl von Ausschüssen bei den Kammern die Gefahr der Zersplitterung und Parallelarbeit enthält.

Aus diesem Grund — und wegen der damit auch verbundenen personellen Belastung — ist die Bundesregierung der Auffassung, daß die Ausschüsse bei den Kammern entfallen sollten. Bei den Anhörungsverfahren zum Referentenentwurf des Berufsbildungsgesetzes wird diese Frage mit allen Beteiligten geprüft.

Auf den verschiedenen Ebenen sind die Entscheidungsprozesse unterschiedlich organisiert. Darum sind differenzierte Mitbestimmungs- und Mitwirkungslösungen erforderlich:

— Der Bundesausschuß für Berufsbildung berät die Bundesregierung in grundsätzlichen Fragen; ihm gehören außer den Beauftragten der Arbeitgeber und Arbeitnehmer, Vertreter der Landesbildungsminister und ein Vertreter der Bundesanstalt für Arbeit an.

— Durch gesetzliche Regelungen ist die Mitwirkung der Arbeitgeber und Arbeitnehmer an der Arbeit des Bundesamtes für Berufsbildung im Rahmen von Ausschüssen und Arbeitsgruppen sicherzustellen.

— Der Landesausschuß für Berufsbildung berät die Landesregierung in grundsätzlichen Fragen. Seine Zuständigkeit sollte auf den schulischen Bereich ausgedehnt werden. Ihm gehören Beauftragte der Arbeitgeber, Arbeitnehmer und Lehrer an; in den Gruppen der Arbeitgeber und Arbeitnehmer sollten Ausbilder angemessen vertreten sein.

— Der bei der zuständigen Verwaltungsbehörde auf regionaler Ebene zu errichtende Berufsbildungsausschuß berät die höhere Verwaltungsbehörde und wirkt bei der Durchführung ihrer Aufgaben mit. Ihm gehören Beauftragte der Arbeitgeber und Arbeitnehmer sowie Lehrer an beruflichen Schulen an; in den Gruppen der Arbeitgeber und Arbeitnehmer sollten Ausbilder angemessen vertreten sein.

— In überbetrieblichen Ausbildungsstätten sind die Auszubildenden und Ausbilder an der Gestaltung der sie betreffenden Angelegenheiten zu beteiligen. Hierfür sind Modelle zu erproben und rechtliche Lösungen zu entwickeln.

Die Ausschüsse auf regionaler Ebene sollen sich gegen Entscheidungen der Verwaltung an die jeweilige Aufsichtsbehörde wenden können.

3. Programm der SPD

a) Berufsbildung, Ziele und Maßnahmen, vom Parteivorstand der SPD am 16. März 1973 als Diskussionsgrundlage beschlossen

Vorwort

Die Sozialdemokratische Partei Deutschlands hat in ihrem Wahlprogramm die Reform der beruflichen Bildung zur bildungspolitischen Schwerpunktaufgabe für diese Legislaturperiode erklärt. Bundeskanzler Willy Brandt hat dies in seiner Regierungserklärung vom 18. Januar 1973 bekräftigt:

> „Die Chancengleichheit verlangt für die berufliche Bildung den gleichen Rang, wie ihn andere Bildungsbereiche haben."

Mit dem vorliegenden Beschluß des Parteivorstandes konkretisiert die SPD ihre Vorstellungen zur beruflichen Bildung. Ihm liegt eine Empfehlung des Bildungspolitischen Ausschusses zugrunde, die von folgenden Fragen ausgeht:

1. Wie kann der Gegensatz zwischen allgemeiner und beruflicher Bildung überwunden werden?
2. Wie kann die Berufsbildung als integrierter Bestandteil in ein Gesamtbildungssystem eingefügt werden?
3. Wie kann die umfassende Reform durch kurzfristige Verbesserungen eingeleitet werden?

Dieser Beschluß soll den sozialdemokratisch geführten Regierungen und den sozialdemokratischen Fraktionen in Bund und Ländern als Leitlinie für Maßnahmen und Initiativen zur Reform der beruflichen Bildung dienen. Darüber hinaus will die SPD mit ihren Vorschlägen allen Interessierten Gelegenheit geben, durch kritische Stellungnahmen und Anregungen aktiv am weiteren Meinungs- und Willensbildungsprozeß teilzunehmen.

Heinz Kühn

Vorsitzender des Bildungspolitischen Ausschusses beim Vorstand der SPD

Vorbemerkung

Die berufliche Bildung ist in der politischen Diskussion in der Bundesrepublik jahrzehntelang vernachlässigt worden. Bis zum Ende der 60er Jahre konzentrierte sich die Bildungsreformdiskussion auf Gymnasium und Universität. Die Bildungsbedürfnisse der 1,3 Millionen Jugendlichen in der beruflichen Ausbildung, ihr berechtigter Anspruch auf eine chancengleiche, individuellen und gesellschaftlichen Erfordernissen entsprechende Bildung wurden nicht ausreichend berücksichtigt.

Inzwischen hat sich die Einsicht durchgesetzt, daß jede Bildungsreform auch die Reform des beruflichen Bildungswesens einschließen muß. Den Herausforderungen des technischen, wirtschaftlichen und sozialen Wandels stehen im Bildungsprozeß und im späteren Arbeitsleben alle jungen Menschen gegenüber — sowohl die Absolventen von Hochschulen und Universitäten als auch diejenigen, die vorwiegend im Betrieb ausgebildet worden sind.

Bund und Länder haben sich 1971 im Zwischenbericht zum Bildungsgesamtplan auf eine alle Bildungsbereiche umfassende Reformkonzeption verständigt, die auch das berufliche Bildungswesen einbezieht. Diese Konzeption entspricht jedoch nicht in allen und zum Teil entscheidenden Punkten sozialdemokratischen Vorstellungen; SPD-Bildungspolitiker haben dies in der Öffentlichkeit deutlich gemacht.

Die im Zwischenbericht zum Bildungsgesamtplan angestrebte Eingliederung des beruflichen Bildungswesens in das Gesamtbildungssystem wird jedoch die bildungspolitische Entwicklung der nächsten Jahre nachhaltig beeinflussen.

Diese Eingliederung kann nicht von heute auf morgen verwirklicht werden. Schritt für Schritt müssen deshalb im Bereich der beruflichen Bildung Maßnahmen ergriffen werden, die nicht nur kurzfristig Mängel beseitigen, sondern auch langfristig die Verschmelzung von beruflichen und allgemeinen Bildungsgängen fördern.

Eine Reihe solcher Maßnahmen hat die SPD/FDP-Bundesregierung in ihrem „Aktionsprogramm zur beruflichen Bildung" bereits 1970 angekündigt. Einige der wesentlichen Vorhaben stehen kurz vor ihrer Verwirklichung.

Die SPD stellt im folgenden auf der Basis einer kurzen, kritischen Analyse des gegenwärtigen Zustandes ihre Vorstellungen zur Reform der beruflichen Bildung zur Diskussion, die sich insbesondere auf zwei Komplexe konzentrieren:

1. langfristige Konzeption der Integration von beruflicher und allgemeiner Bildung;
2. kurz- und mittelfristige Maßnahmen zur Verbesserung und Weiterentwicklung aktueller Teilbereiche der Berufsbildung.

Die Vorschläle sind als Versuch zu verstehen, die anstehenden Reformmaßnahmen in eine Richtung zu bringen, die inhaltliche Veränderungen ermöglicht bzw. verhindert, daß mit kurzfristig eingeleiteten Sofortmaßnahmen die bestehenden Unzulänglichkeiten auf einem nur scheinbar fortschrittlichen Niveau fort- und festgeschrieben werden.

I. Zur Situation der Berufsausbildung in der Bundesrepublik

Im Mittelpunkt der Kritik von Wissenschaft, Politik und Praxis an der Berufsausbildung steht das traditionelle „duale System". In ihm werden z. Z. rund 1,3 Millionen Jugendliche ausgebildet.

Das System der dualen Berufsausbildung in seiner heutigen Form hat insbesondere folgende Mängel:

1. Im Gegensatz zum allgemeinbildenden Schulwesen bleiben in der betrieblichen Berufsausbildung Regelungs- und Aufsichtsbefugnisse weitgehend der Selbstverwaltung der Unternehmer ohne wirksame öffentliche Kontrolle überlassen.

2. In der Ausbildung müssen sich die Betriebe zwar nach den gesetzlichen Vorschriften und den erlassenen Ausbildungs-

ordnungen richten; über Qualität und Niveau der Ausbildung entscheiden sie jedoch allein. Diese Entscheidung wird vorrangig nach ökonomischen und betriebsspezifischen und nicht nach pädagogischen und gesellschaftlichen Bedürfnissen getroffen.

3. Die Durchführung der betrieblichen Ausbildung ist überwiegend vom unmittelbaren, zum Teil kurzfristigen Produktionszweck des Betriebes bestimmt. Die Entscheidung darüber, ob, wann und wie lange der Auszubildende bestimmte Arbeiten zu verrichten hat, ist meist nicht von pädagogischen Überlegungen beeinflußt. Dieser Mangel findet sich allerdings weniger in Betrieben mit eigener Lehrwerkstatt.

4. Das Angebot an Ausbildungsplätzen ist abhängig von der Wirtschaftsstruktur in einer Region und bis zu einem gewissen Grad von der konjunkturellen Situation. Insbesondere die Abhängigkeit von der Wirtschaftsstruktur führt in den einzelnen Gebieten der Bundesrepublik zu einem qualitativ und quantitativ höchst unterschiedlichen Angebot an Ausbildungsplätzen, das Auszubildende in schwach entwickelten Gebieten erheblich benachteiligt. Damit ist das Prinzip der Chancengleichheit verletzt.

5. Die Berufsschule spielt in der heutigen dualen Berufsausbildung weder im Zeitanteil noch bei der Festlegung von Ausbildungszielen und -inhalten eine entscheidende Rolle. Betriebliche und schulische Berufsausbildung werden außerdem nach unterschiedlichen Rechtsgrundlagen geregelt: Im Bereich der Berufsschule bestimmen die Länder Aufgabenstellung, Programm und Dauer des Berufsschulunterrichts; die Ausbildungsordnungen für die betriebliche Ausbildung werden von der Bundesregierung als Rechtsverordnung erlassen.

6. Die Berufsausbildung ist heute noch nicht integrierter Bestandteil des gesamten Bildungssystems. Sie ist in der Realität der allgemeinen Bildung nicht gleichwertig. So bietet die Berufsausbildung nach wie vor nur begrenzte und unzureichende Möglichkeiten zum Bildungsaufstieg. Sowohl die weitere berufliche Qualifikation als auch der Erwerb der Studienberechtigung sind nach der beruflichen Erstausbildung nur über

den Umweg zeitraubender und strapaziöser Bildungswege möglich.

7. Das neue Betriebsverfassungsgesetz gewährt dem Betriebsrat und der Jugendvertretung auch in Fragen der Berufsausbildung entscheidende Mitwirkungs- und Mitbestimmungsrechte. Damit wird die Stellung der jungen Menschen im Betrieb wesentlich verbessert. Insgesamt ist jedoch die Mitbestimmung von Lehrenden und Lernenden im „Bildungsbereich Wirtschaft" auch heute noch nicht ausreichend geregelt.

Die Darstellung dieser Mängel des dualen Systems zielt nicht auf die Abschaffung einer beruflich-praktischen Ausbildung. Diese Ausbildung muß allerdings im Interesse der Jugendlichen ausschließlich nach bildungspolitischen und pädagogischen Gesichtspunkten geplant, durchgeführt und kontrolliert werden.

II. Die Integration beruflicher und allgemeiner Bildung

1. Ziele der Integration

Die Trennung von „allgemeiner" und „beruflicher" Bildung ist heute willkürlich und unhaltbar. Sie benachteiligt die Mehrheit der Jugendlichen, die sich in beruflichen Bildungsgängen befindet, und behindert erheblich ihre Bildungs- und Zukunftschancen.

Die Gleichwertigkeit beruflicher und allgemeiner Bildungsgänge ist nur durch die volle Integration beider Bereiche in einem Gesamtbildungssystem zu erreichen.

Das erfordert im einzelnen:

Die Integration soll berufsqualifizierende und studiengerichtete Bildungsgänge inhaltlich und organisatorisch zusammenfügen, damit Umstieg und Neuorientierung jederzeit ohne allzu großen Zeitaufwand möglich sind.

Die Integration soll es den Jugendlichen ermöglichen, eine erste berufliche Qualifikation und gleichzeitig — oder mit nur geringem zeitlichen Mehraufwand — auch die Studienberechtigung zu erwerben.

Ein breites und differenziertes Lernangebot soll allen Jugendlichen ein Höchstmaß an Chancengleichheit sichern. Dies verlangt sowohl eine Reform der engen beruflichen Ausbildung als auch der oft realitätsfernen Gymnasialbildung.

2. *Voraussetzung für die Verwirklichung*

● Die Einbeziehung der gesamten Berufsausbildung — berufliche Vollzeitschulen und duales System — in den Integrationsprozeß erfordert

— Beseitigung der rechtlichen Aufspaltung der Kompetenzen. Nach der Zusammenfassung der Bundeskompetenzen im Bundesministerium für Bildung und Wissenschaft ist es erforderlich, die Länderkompetenzen einheitlich in den Kultusministerien zusammenzufassen.

— Wesentliche Erweiterung des Anteils der schulischen Bildung im dualen System unter Berücksichtigung der Berufsfelder und Ausbildungsstufen.

— Einführung des Blockunterrichts an der Teilzeitberufsschule.

● Eine ständig zunehmende Zahl von beruflichen Qualifikationen wird ausschließlich in der Schule erworben. Sie müssen im Interesse notwendiger didaktischer Versuche und Veränderungen auch unabhängig von den geltenden Ausbildungsordnungen in genehmigten Schulversuchen vermittelt werden können.

● Sofern Praktika für Bildungsgänge der Sekundarstufe II erforderlich sind, werden sie von der Schule gelenkt.

● Eine erste berufliche Qualifikation und/oder die Studienberechtigung sollen in der Regel nach 12 oder 13 Jahren Bildungszeit erworben werden.

● Alle bestehenden gymnasialen Oberstufen und beruflichen Schulen (einschließlich Fachoberschulen und derjenigen Fachschulen, die zu einem Abschluß des Sekundarbereichs II führen) gehen in der Sekundarstufe II auf. Die in der Sekundarstufe II erworbene Studienberechtigung eröffnet den Zugang zum Gesamthochschulbereich. Damit entfällt der Unterschied zwischen Fachhochschulreife, fachgebundener und allgemeiner Hochschulreife.

- Die Lernziele, -inhalte und -methoden in der Sekundarstufe I sind im Hinblick auf die Integration von beruflicher und allgemeiner Bildung neu zu bestimmen.
- Die notwendige permanente Reform von studiengerichteten und berufsqualifizierenden Lernzielen, -inhalten und -methoden erfordert die aktive und verantwortliche Beteiligung aller Lehrpersonen (Lehrer und Ausbilder).
- Hinsichtlich des wissenschaftlichen Niveaus bedarf es einer einheitlichen, hinsichtlich der Lehrbefähigung einer stark differenzierten und spezialisierten Lehrerbildung.

III. Vorschläge zur Verbesserung der Berufsausbildung

1. Berufs- und Bildungsberatung

Durch Berufs- und Bildungsberatung sind Informationen und Entscheidungshilfen zu geben, die für die Wahl eines individuellen Bildungs- und Berufsweges in einer differenzierten und undurchschaubar gewordenen Gesellschaft notwendig sind.

Die Beratung muß orientiert sein am Ratsuchenden und dabei die verschiedenen Bildungsgänge, deren Inhalte, Kombinierbarkeit und Verwendbarkeit im Rahmen beruflicher Tätigkeit sowie die voraussichtliche Entwicklung zukünftiger Berufs- und Arbeitsmarktstrukturen einbeziehen.

Die Beratungsdienste sind so zu gestalten, daß sie weitegehend unabhängig ihre Aufgaben im Interesse der Ratsuchenden erfüllen können. Das ist am besten dann gewährleistet, wenn die Beratung selbst Prinzip aller Lernprozesse ist. Bei der Entwicklung neuer Lehrinhalte soll die Einbeziehung des Beratungsprozesses in den Unterricht berücksichtigt werden.

Eine enge Zusammenarbeit zwischen Arbeitsverwaltung und Schule sowie Arbeitsverwaltung und Wissenschaft ist herzustellen.

2. Aufgaben und Föderungskriterien einer überbetrieblichen Berufsbildung

Die Bundesregierung hat in ihrem Aktionsprogramm „Berufliche Bildung“ von 1970 erklärt, daß sie die Errichtung und den Ausbau überbetrieblicher Ausbildungsstätten zunehmend fördern wird. Sie will sich ferner für die Erweiterung der entsprechenden Programme der Länder und der Bundesanstalt für Arbeit einsetzen.

Die Absichtserklärung muß dazu führen, daß vorhandene Einrichtungen überprüft und neue geschaffen werden. Zur Zeit werden aus verschiedenen Etatposten von Bundes- und Länderministerien sowie aus dem institutionellen Föderungsprogramm der Bundesanstalt für Arbeit zahlreiche und unterschiedliche Formen überbetrieblicher Ausbildungsstätten durch öffentliche Mittel finanziell gefördert. Grundlage der Förderung sind meist Initiativen einzelner Träger und Organisationen, d. h. entscheidend ist in der Regel das Einzelinteresse einer Wirtschaftsgruppe und nicht eine bildungspolitische und bildungsökonomische Planung.

Um zu einer kontinuierlichen Weiterentwicklung der Berufsbildung zu kommen und wenigstens den Anforderungen des Berufsbildungsgesetzes gerecht zu werden, ist es notwendig, die Aufgaben und Förderungskriterien einer überbetrieblichen Berufsbildung im Sinne einer zukunftsorientierten und offensiven Bildungsplanung zu konkretisieren.

2.1. Aufgabe einer überbetrieblichen Berufsbildung

Die durch öffentliche Mittel geförderte überbetriebliche Berufsbildung ist ein notwendiges und zweckmäßiges bildungspolitisches Instrument zur Verbesserung und Veränderung des Berufsbildungssystems in der Bundesrepublik, um den Anspruch des einzelnen auf eine qualifizierte Ausbildung und deren Durchführung nach den Ausbildungsvorschriften durchzusetzen.

Die Einrichtungen der überbetrieblichen Berufsbildung können zunächst die vordringliche Aufgabe der Durchführung einer planmäßigen und auf eine breite Grundlage abzielenden Berufsbildung übernehmen. Daneben können sie auch für berufliche Anpassungs-, Aufstiegs-, Neuorientierungs-, Reaktivierungs- und Rehabilitierungsmaßnahmen im Bereich der beruflichen Fortbildung und Umschulung genutzt werden.

2.2. Förderungskriterien

Öffentliche Einrichtungen

Vorrang bei der öffentlichen Förderung müssen öffentliche Einrichtungen der beruflichen Jugend- und Erwachsenenbildung und öffentliche Schulen haben. Durch gesetzliche Maßnahmen und eine Neuregelung der Haushaltsbestimmungen in Bund, Ländern und Gemeinden ist sicherzustellen, daß über eine gemeinsame Planung eine gezielte Finanzierung aus unterschiedlichen Haushaltsmitteln für öffentliche Schulen erfolgen kann.

Bei der Planung sollen die Unterrichtsverwaltungen der Länder federführend sein. Die Vergabe der Mittel muß im Einvernehmen mit dem zuständigen Kultusminister erfolgen.

Als förderungsfähige Einrichtungen sind insbesondere anzuerkennen:

Integrierte Gesamtschulen, berufliche Schulen (z. B. Berufsgrundschulen, Berufsfachschulen), Werkstätten von Schulen im Sekundarbereich II sowie öffentliche Einrichtungen der Weiterbildung.

Gemeinnützige Träger

Bei der Förderung von überbetrieblichen Einrichtungen gemeinnütziger Träger aus öffentlichen Mitteln sind folgende Kriterien zu berücksichtigen:

- Gefördert werden nur Einrichtungen solcher gemeinnütziger Träger, deren Satzung die Erzielung von Gewinn ausschließt, die nicht überwiegend den spezifischen Zwecken eines Unternehmens oder Verbandes dienen und die freien Zugang ermöglichen.
- In den Einrichtungen — insbesondere in deren Aufsichtsorganen — muß die gleichberechtigte Mitbestimmung der Arbeitnehmer durch ihre Gewerkschaften im Sinne einer demokratischen Mitentscheidung gewährleistet sein. In der internen Bildungsverwaltung ist eine demokratische Selbstverwaltung unter Beteiligung der Lehrenden und Lernenden sicherzustellen.
- Grundlage der Förderung ist ein Antrag des Trägers. Der Antrag muß eine Begründung der Aufgaben, der Notwendig-

keit und des Standortes der Einrichtung enthalten. Er muß Auskunft über sachliche und personelle Ausstattung (z. B. über die erforderlichen maschinellen Einrichtungen, Zahl und Qualifikation der Ausbildungsfachkräfte), Ausbildungsziele, -programme und -mittel geben.

- Jedem Antrag ist eine Stellungnahme des regional zuständigen Berufsbildungsausschusses und des zuständigen Kultusministeriums beizufügen.

Private, nicht gemeinnützige Träger werden nicht aus öffentlichen Mitteln gefördert.

Die Bundesregierung wird aufgefordert, entsprechende, verbindliche Förderungsrichtlinien gemeinsam mit den Ländern, den Kommunen, der Bundesanstalt für Arbeit und den Sozialversicherungsträgern aufzustellen und dafür Sorge zu tragen, daß eine öffentliche Förderung von Berufsbildungseinrichtungen diesen Kriterien entspricht.

Ein bildungspolitisches Sachprogramm zur Deckung des Bildungsbedarf auf diesem Gebiet muß Bestandteil des Bildungsgesamtplans werden. Die notwendigen Initiativen auf Bundesebene sind vom Bundesminister für Bildung und Wissenschaft sowie den zuständigen Fachministern zu ergreifen.

3. Moderne Ausbildungsordnungen

3.1. Ziele

In den Ausbildungsordnungen sind die Inhalte und Fertigkeiten festzulegen, die Bestandteil einer zeitgemäßen und auf die Zukunft gerichteten Berufsbildung sein müssen.

3. 2. Maßnahmen

- Die Ausbildungsordnungen sind zu konzentrieren durch inhaltliche Zusammenfassung, zahlenmäßige Reduzierung der Ausbildungsberufe, Überprüfung der Ausbildungsdauer, gleiche Anerkennungskriterien, gleiche Strukturierung der Ausbildungsgänge in Theorie und Praxis.
- Nach dem Erlaß der Verordnung zur Anrechnung des Berufsgrundbildungsjahres durch die Bundesregierung sind die Ausbildungsordnungen auszuweiten und zu vereinheitlichen

durch die allgemeine Einführung des Berufsbildungsjahres als Vollzeitschuljahr. Die theoretischen (naturwissenschaftlich-technischen und sozio-ökonomischen) Grundlagen der Ausbildung sind zu verstärken.

● Bei der Überarbeitung bestehender und der Erarbeitung neuer Ausbildungsordnungen sind die Ergebnisse wissenschaftlicher Forschung zu berücksichtigen. Dabei ist das Bundesinstitut für Berufsbildungsforschung soweit wie möglich einzuschalten.

Für diese Arbeiten gelten folgende Prioritäten:

— Ausbildungsberufe mit einer großen Zahl von Auszubildenden,
— gesellschaftlich wichtige Ausbildungsberufe,
— technologisch wichtige Ausbildungsberufe,
— Tätigkeitsbereiche, die sich für moderne Ausbildungsformen, z. B. Stufenausbildung, eignen.

Eine Reform der Ausbildungsordnungen wird von der Bundesregierung mit Vorrang betrieben.

Dabei muß die Zahl der Ausbildungsberufe erheblich verringert werden.

Nachdem bereits etliche neue Ausbildungsordnungen erlassen worden sind und eine Reihe von Ausbildungsberufen gestrichen wurde, sollte mit Ablauf des Jahres 1973 mindestens die Hälfte der Auszubildenden nach modernen Ausbildungsordnungen ausgebildet werden.

4. Die Qualifikation der betrieblichen Ausbilder

4.1. Ziele

Auch in der betrieblichen Berufsausbildung haben die Jugendlichen einen Anspruch auf fachlich und pädagogisch qualifizierte Lehrkräfte.

Der Wert jeder Ausbildung hängt entscheidend von der Qualifikation der Ausbilder ab. Deshalb muß jede betriebliche Berufsausbildung von geeigneten Ausbildern durchgeführt werden.

Gleichrangig mit der Qualifikation der Ausbilder ist ihre betriebliche Position entsprechend der Bedeutung der Berufsbildung als einer öffentlichen Aufgabe auszubauen. Das heißt auch, daß ihre Unabhängigkeit in der Wahrnehmung der pädagogischen Aufgaben im Betrieb gestärkt werden muß.

4.2. Maßnahmen

- Die Bundesregierung hat bereits durch Rechtsverordnung Erwerb und Nachweis der pädagogischen Qualifikation geregelt.

Darüber hinaus sind die Inhalte der pädagogischen Ausbildung durch einen Rahmenlehrplan festzulegen, der gemäß den Vorschlägen des Deutschen Bildungsrates mindestens 200 Stunden umfassen soll. Zum Inhalt dieser Qualifikation gehören auch Einsichten in sozio-ökonomische Zusammenhänge sowie die Fähigkeit zu Kommunikationen und Kooperation.

Zugleich sind die Kriterien für geeignete Ausbildungsinstitute und Ausbildungsformen für Ausbilder zu entwickeln. Es ist anzustreben, die Ausbildung der Ausbilder in den Gesamthochschulbereich einzubeziehen.

- Es ist rechtsverbindlich festzulegen, daß der betriebliche Ausbilder eine nur begrenzt weisungsabhängige Stellung im Betrieb erhält, um sicherzustellen, daß sich die Ausbildung im Rahmen der Ausbildungsordnungen vorrangig an pädagogischen Gesichtspunkten orientiert.
- Zur Anpassung der fachlichen und pädagogischen Qualifikation an neue Entwicklungen muß jeder Ausbilder Anspruch auf regelmäßige Fortbildung erhalten.
- Die Tarifvertragsparteien werden aufgefordert, Vereinbarungen anzustreben, nach denen betriebliche Ausbilder entsprechend vergleichbaren pädagogischen Berufen bezahlt werden.

5. Kontrolle der Berufsausbildung

5.1. Ziele

Das Berufsbildungsgesetz schreibt die Überwachung und Kontrolle der betrieblichen Berufsausbildung durch Ausbildungsberater der zuständigen Stelle vor. Dadurch soll sichergestellt werden, daß nur in geeigneten Ausbildungsbetrieben nach den geltenden Ausbildungsordnungen und durch qualifizierte Ausbilder ausgebildet wird.

5.2. Maßnahmen

- Berufsbildungsausschüsse

Aufgabe der paritätisch besetzten Berufsbildungsausschüsse der zuständigen Stelle (6 Arbeitnehmer- und 6 Arbeitgebervertreter und 6 Lehrer berufsbildender Schulen mit beratender Stimme) ist es, Kriterien zur Beurteilung der Eignung von Ausbildungsstätten zu beschließen. Über die Ergebnisse der Überwachung durch Ausbildungsberater sind sie zu informieren, um daraus entsprechende Konsequenzen für die Verbesserung der Ausbildung zu ziehen.

- Betriebsrat

Das Betriebsverfassungsgesetz gewährt den Arbeitnehmervertretungen in den Betrieben entscheidende Rechte der Mitwirkung und Mitbestimmung in Fragen der betrieblichen Berufsbildung. Damit können die Betriebsräte und Jugendvertreter verstärkt Einfluß auf die Gestaltung und Kontrolle der innerbetrieblichen Berufsbildung im Interesse der Jugendlichen nehmen.

- Ausbildungsberater

Eine wirksame Überwachung ist nur möglich, wenn genügend Ausbildungsberater tätig sind. Es ist zu gewährleisten, daß jede betriebliche Ausbildungsstätte in allen Ausbildungsbereichen mindestens halbjährlich einmal gründlich überprüft wird.

Die Ausbildungsberater sind in der Regel berufsspezifisch einzusetzen. Ihre Tätigkeit kann sich aber auch auf Berufsfelder oder Fachbereiche beziehen.

Für die Ausbildungsberatung in schwach besetzten Ausbildungsberufen ist eine geeignete organisatorische Lösung zu entwickeln.

Die Ausbildungsberater berichten dem Berufsbildungsausschuß über ihre Beobachtungen und Erfahrungen.

Die Ausbildungsberater sind fortlaufend so weiterzubilden, daß sie die Ausbilder auch in didaktischen und berufspädagogischen Fragen beraten können.

Im Rahmen des Aufsichtsrechtes der obersten Landesbehörden über die für die Berufsbildung zuständigen Stellen ist besonders darauf zu achten, daß die Aufgaben der Ausbildungsberatung dem gesetzlichen Auftrag entsprechend durchgeführt werden. Die Ausbildungsberater müssen ihre Aufgabe unabhängig von den Arbeitgeberinteressen der Kammern wahrnehmen können.

6. *Maßnahmen im Bereich des beruflichen Schulwesens*

Zur Realisierung der Integration von beruflicher und allgemeiner Bildung ist mit der Planung und mit Versuchen auch an vorhandenen Schulen sofort zu beginnen. Die organisatorische und inhaltliche Integration mehrerer Fachbereiche (z. B. Naturwissenschaft, Technik, Sprachen, sozialer Bereich, Wirtschaft und Verwaltung, Gestaltung und Musik) muß erprobt werden.

Die bildungstheoretische und faktische Unterbewertung der gegenwärtigen beruflichen Schulen muß beseitigt werden. Dazu gehört:

ein erweitertes Angebot, das an den allgemeinen gültigen Lernzielen der Sekundarstufe II orientiert ist;

höhere finanzielle Zuwendungen für bessere materielle Ausstattung durch Schulträger und Land.

Im einzelnen:

- Die Durchlässigkeit zwischen den verschiedenen beruflichen Schulformen (Vollzeit- und Teilzeitberufsschule, Fachoberschule) und Fachrichtungen muß erhöht werden. Dazu ist der bisher für alle verbindliche starre Fächerkanon durch ein nach Pflicht- und Wahlbereichen differenziertes Kurssystem zu ersetzen. Um eine Zusammenarbeit mit der gymnasialen Oberstufe zu ermöglichen, muß auch dort das Kurssystem eingeführt werden.
- Der erfolgreiche Abschluß der 10. Klasse eröffnet den Zugang zu allen Bildungsgängen der Sekundarstufe II.

Jugendliche, die sich in der Berufsausbildung befinden und das 10. Schuljahr nicht absolviert haben, müssen durch ein zusätzliches Kurssystem die Möglichkeit erhalten, auch an Bildungsgängen der Sekudarstufe II teilzunehmen, die zur Studienberechtigung führen.

● Die schulorganisatorische Neugliederung der Berufsschulen nach Fachbereichen ist zu verwirklichen. Grundsätzlich ist nach berufsfeldorientierter Grundbildung und nach Fachbildung zu gliedern.

● Absolventen des Berufsgrundbildungsjahres in Vollzeitschulen und Absolventen von Berufsfachschulen wird diese Ausbildungszeit voll auf die folgende Berufsausbildung im dualen System angerechnet. Auch diese Forderung macht die Notwendigkeit einer besseren Abstimmung zwischen Rahmenlehrplänen und Ausbildungsordnungen deutlich.

● Schrittweise ist der schulische Anteil im dualen Berufsbildungssystem zu erhöhen. An Berufsschultagen ist der Teilzeitschüler von der betrieblichen Ausbildung freizustellen.

● Behinderte Jugendliche bedürfen einer besonderen Förderung. Sie haben den gleichen Anspruch auf eine geordnete und zielgerichtete Berufsausbildung. Eine Integration hat soweit wie möglich zu erfolgen. Es sind überregionale Ausbildungsinstitutionen und Fachklassen einzurichten, damit Art und Grad der Behinderung bei der Ausbildung berücksichtigt werden können.

Die Einrichtung eines Berufsgrundbildungsjahres für Behinderte ist ebenso notwendig.

Für die Aus- und Fortbildung Behinderter werden geeignete Lehrer benötigt.

● Für Jugendliche ohne Ausbildungsvertrag ist der Berufsschulunterricht so zu gestalten, daß er ihren besonderen Bedürfnissen durch schulische und berufsfeldbezogene Grundbildung Rechnung trägt.

● Den Lehrern an beruflichen Schulen sind in größerem Umfang Weiterbildungsmöglichkeiten zu eröffnen.

● Die Austauschbarkeit von Lehrern aller Schulformen ist zu fördern.

7. Finanzierung der Berufsbildung

7.1. Die derzeitige Situation

In der Bundesrepublik sind die Aufwendungen für das öffentliche Schulwesen — einschließlich der beruflichen Schulen — unmittelbare Bestandteile der Haushalte der Bundesländer und der Gemeinden sowie der Gemeindeverbände. Dies bedeutet, daß die Bildungskosten über das allgemeine Steueraufkommen aufgebracht werden.

Im Gegensatz dazu besteht im Bereich der betrieblichen und überbetrieblichen Berufsausbildung sowie der beruflichen Fortbildung und Umschulung eine prinzipiell andere Situation.

In unserer dualen Berufsausbildung stehen den betrieblichen Ausbildungskosten insbesondere Erträge durch produktive Leistungen der Auszubildenden gegenüber. Eine genaue Bilanz in Form einer Kosten- und Ertragsrechnung für den gesamten Bereich der betrieblichen Berufsausbildung liegt nicht vor. Die Finanzierung der beruflichen Bildung in verschiedenen Berufen und Wirtschaftszweigen wird zur Zeit von einer durch die Bundesregierung eingesetzten Fachverständigenkommission untersucht.

Unabhängig von den zu erwartenden Ergebnissen dieser Kommission lassen sich folgende Probleme aufzeigen:

- die betriebliche Berufsbildung ist — soweit sie einen Kostenfaktor darstellt — konjunkturabhängig;
- die betriebliche Berufsbildung vollzieht sich weitgehend im Rahmen des Betriebszwecks, was häufig zu Lasten der Ausbildungsaufgaben geht;
- Gewinnstreben führt bei einzelnen Betrieben oft zur Beschäftigung einer vom Ausbildungszweck her nicht zu verantwortenden Zahl von Auszubildenden;
- Ausbildungskosten werden heute nur von den Ausbildungsbetrieben allein aufgebracht, obwohl die Ergebnisse der Berufsbildung der gesamten Volkswirtschaft zugute kommen.

Die überbetriebliche Berufsausbildung

Die Kosten für die speziellen Bildungseinrichtungen werden auf unterschiedliche Weise aufgebracht. Sie sind abhängig von der Trägerschaft dieser überbetrieblichen Einrichtungen. Bei Kammereinrichtungen erfolgt die Finanzierung teilweise aus Kammermitteln, d. h. aus Beitragsmitteln kammerzugehöriger Unternehmen. Hinzu kommen besondere Abgaben der Ausbildungsbetriebe, die ihre Auszubildenden in diese Einrichtungen schicken. Zu dieser Finanzierung kommen aber meist noch öffentliche Mittel des Bundes, des Landes und der Bundesanstalt für Arbeit. Erträge fallen in diesem überbetrieblichen Bereich in der Regel kaum an.

Die berufliche Fortbildung und Umschulung

Bei innerbetrieblichen Maßnahmen übernehmen die Betriebe, die dafür notwendigen Kosten. Sie sind insbesondere dort leicht berechenbar, wo es sich um Lehrgänge handelt, die nicht auf Produktionsleistungen abgestellt sind. Bei einer Integration in den Produktionsprozeß ergeben sich ähnliche Probleme wie bei der betrieblichen Berufsausbildung.

Bei außerbetrieblichen Bildungsmaßnahmen entstehen den Betrieben in der Regel keine Kosten, weil diese entweder vom einzelnen Arbeitnehmer selber oder von der Arbeitsverwaltung im Rahmen der „Individuellen Förderung“ nach dem Arbeitsförderungsgesetz getragen werden.

7.2. Aufgaben und Ziele einer neuen Finanzierungskonzeption

Bei der Gestaltung einer neuen Finanzierungskonzeption muß berücksichtigt werden:

Eine umfassende qualitative Verbesserung der Berufsbildung erfordert mehr Mittel als zur Zeit aufgebracht werden.

Die erstrebte Einheitlichkeit des Bildungswesens, insbesondere die Integration von beruflicher und allgemeiner Bildung, darf nicht gefährdet werden.

Berufsbildungseinrichtungen und -angebote dürfen nicht konjunkturanfällig sein.

Das Problem einer sinnvollen Kostenverteilung der Berufsbildung muß gelöst werden.

Mittel für die Berufsbildung müssen sowohl für schulische und betriebliche als auch für überbetriebliche Bildungseinrichtungen ausreichend zur Verfügung stehen.

Die Mittel sind nach konkreten Kriterien zu verteilen:

- Einhaltung von hohen Qualitätsnormen,
- besondere bildungspolitische Notwendigkeiten,
- Verstärkung von Ausbildungsangeboten in ländlichen und strukturschwachen Regionen.

In die Berufsbildungsfinanzierung sollen einbezogen werden:

- Modellversuche,
- Ausbildungs- und Fortbildungsmaßnahmen für Ausbilder und Ausbildungsberater,
- Forschungsaufgaben.

IV. Berufliche Fortbildung und Umschulung — Situation und Ansätze zu ihrer Verbesserung

1. Situation

Die Diskussion über die berufliche Erwachsenenbildung hat erst vor wenigen Jahren verstärkt unter dem Eindruck wirtschaftlicher Ereignisse und arbeitsmarktpolitischer Erfordernisse eingesetzt.

Durch grundlegende Veränderungen in der Struktur der hochindustrialisierten Gesellschaft gewinnt der Bereich der beruflichen Erwachsenenbildung immer mehr an Bedeutung. Das Angebot an entsprechenden Institutionen, Maßnahmen und Methoden reicht jedoch nicht aus.

Ausgelöst durch den Entwurf der SPD-Bundestagsfraktion zu einem Arbeitsmarktanpassungsgesetz wurde im Arbeitsförderungsgesetz von 1969 die berufliche Fortbildung und Umschulung als Förderungsaufgabe der Bundesanstalt für Arbeit festgelegt. Dieses Gesetz gibt erstmalig dem einzelnen einen Rechtsanspruch auf finanzielle Förderung und auf Beratung in seinen Fortbildungsbemühungen.

Das Berufsbildungsgesetz bezieht ebenfalls diesen Bereich der Fortbildung und Umschulung mit ein, ohne wesentliche und konkrete Regelungen vorzuschreiben.

Die derzeitige Situation der Fortbildung und Umschulung ist im wesentlichen gekennzeichnet durch

- ein für den einzelnen völlig unübersichtliches, nicht aufeinander abgestimmtes Angebot an Bildungsmaßnahmen,
- einen Mangel an statistischen Aussagen über die vorhandenen Maßnahmen und Teilnehmer (außer AFG-Förderung),
- fehlende, bzw. ungenügend entwickelte Inhalte und Methoden für Fortbildungs- und Umschulungsmaßnahmen, die den Lernbedürfnissen und -hemmnissen Erwachsener gerecht werden,
- fehlende Kriterien für geeignete Bildungseinrichtungen.

Zur Zeit werden die Aufgaben der beruflichen Fortbildung und Umschulung weitgehend unkontrolliert und ungeregelt von einer Vielzahl privater Bildungseinrichtungen wahrgenommen.

2. Vorschläge zur Verbesserung

2.1. Ziele

Die berufliche Fortbildung und Umschulung muß in allen ihren Formen ebenso wie die Berufsausbildung integrierter Bestandteil des öffentlichen Bildungswesens werden.

Dies bedeutet:

- Für die Durchführung sind auch die Anforderungen der Bildungsgänge im tertiären Bereich zu berücksichtigen.
- Eine ausreichende Finanzierung der Maßnahmen ist sicherzustellen.
- Ein individueller Anspruch auf bezahlten Bildungsurlaub ist gesetzlich zu verankern.
- Eine entsprechende fachliche und pädagogische Qualifikation der Lehrkräfte ist zu gewährleisten.
- An die inhaltliche Ausgestaltung der Maßnahmen sind prinzipiell die gleichen Maßstäbe anzulegen wie an die berufliche Erstausbildung.
- Das Fortbildungs- und Umschulungssystem ist so zu organisieren, das es für den einzelnen überschaubar wird und ihm

erlaubt, Bildungsabschnitte sinnvoll aufeinander zu beziehen (Baukastensystem).

2.2. Maßnahmen

- Die Bundesregierung muß im Rahmen des Berufsbildungsgesetzes durch Rechtsverordnungen die Inhalte von beruflichen Fortbildungsgängen und Umschulungen festlegen.
- Für die Bildungseinrichtungen sind Kriterien zur Eignung und, soweit es sich um private Einrichtungen handelt, zur Gebührenfestsetzung zu entwickeln.
- Durch gesetzliche Regelungen ist die institutionelle und individuelle Förderung festzulegen.

b) Entschließung des SPD-Vorstandes: „Grundsätze für die Neufassung des Berufsbildungsgesetzes" vom 5. Oktober 1973

Der Parteivorstand begrüßt es, daß die Bundesregierung mit den Vorarbeiten für die Neufassung des Berufsbildungsgesetzes zügig voranschreitet. Er bittet die Bundesregierung, die bisher erarbeiteten Papiere unter Berücksichtigung der folgenden Grundsätze zu ergänzen und zu präzisieren:

1. Geltungsbereich

Das Gesetz umfaßt den gesamten Bereich der nach Bundesrecht regelbaren Berufsbildung. Die im gegenwärtigen Berufsbildungsgesetz enthaltenen Ausnahmen (Handwerk, öffentlicher Dienst, Heilhilfsberufe) werden beseitigt.

2. Rechtsstellung der Auszubildenden

Es soll geprüft werden, ob unter dem Gesichtspunkt der geplanten Integration der Berufsbildung in das Bildungssystem die bisher privatrechtlichen Ausbildungsverträge zwischen Auszubildenden und Betrieben stattdessen zwischen Berufsbildungsverwaltung und den Auszubildenden sowie zwischen Berufsbildungsverwaltung und Lernort abgeschlossen werden können. Vergütungen sollten möglichst einheitlich sein und mindestens den nach dem Bundesausbildungsförderungsgesetz gültigen Sätzen für Schüler entsprechen.

3. Organisation und Verwaltung

3.1. Auf Bundesebene werden unter Aufgabe des Fachministerprinzips alle Zuständigkeiten im Bundesministerium für Bildung und Wissenschaft zusammengefaßt.

3.2. Die sozialdemokratischen Landesregierungen werden aufgefordert, die Aufgaben der Berufsbildung dementsprechend den Kultusministerien zu übertragen.

Die Zusammenarbeit von Bund und Ländern soll in dem Berufsbildungsgesetz und soweit notwendig in besonderen zusätzlichen Verträgen geregelt werden.

3.3. Die Aufgaben des Bundes, die nicht von der Bundesregierung selbst wahrgenommen werden, sind auf Bundesebene von einem Bundesamt für Berufsbildung auszuüben. Das Bundesamt ist eine dem Bundesministerium für Bildung und Wissenschaft unterstellte Bundesbehörde. Es übernimmt im Bereich der Berufsausbildung nach Bundesrecht Aufgaben der Gestaltung, Forschung und Finanzierung.

Es entwickelt Kriterien für die Eignung der Ausbilder und die Akkreditierung und Überwachung von Ausbildungsstätten.

3.4. Auf Landesebene und auf den nachgeordneten Ebenen sollen die Aufgaben der außerschulischen Berufsbildung von den Behörden wahrgenommen werden, die auch für die Schulen zuständig sind.

Diesen Behörden obliegen insbesondere

— die Umsetzung und ggfs. weitere Operationalisierung der Ausbildungsvorschriften

— die Überwachung der Berufsausbildung.

3.5. Soweit den Kammern aus dem Berufsbildungsgesetz Aufgaben übertragen werden, die nicht von staatlichen Stellen wahrzunehmen sind, müssen im Entscheidungsprozeß der Kammern die Mitbestimmungsregeln der Ziffer 4. gelten.

4. Mitbestimmung

Bei den im Bereich der Berufsbildung tätigen Verwaltungen auf Bundes- und Landesebene sowie auf den nachgeordneten Verwaltungsebenen werden unbeschadet der parlamentarischen Verantwortung und im Rahmen der vom Bundesministerium für Bildung und Wissenschaft erlassenen Vorschriften und Ordnungen paritätisch besetzte Mitbestimmungsgremien errichtet. In diesem Rahmen sind auch die Auszubildenden, Ausbilder und Lehrer zu beteiligen.

4. Programm der CDU

a) Reform der beruflichen Bildung, Entwurf der Kommission „Berufliche Bildung der CDU/CSU-Fraktion des deutschen Bundestages und der CDU-Bundespartei vom 29. Mai 1973

Dieser Entwurf ist von einer Kommission erarbeitet worden, die sich aus Mitgliedern der Bundespartei und der Bundestagsfraktion zusammensetzte.

Der Kommission war der Auftrag erteilt worden, Vorschläge zur Reform der beruflichen Bildung des jungen Menschen in Berufsschule und Betrieb einschließlich überbetrieblicher Ausbildungsstätten auszuarbeiten.

Wichtige Fragen der „Beruflichen Bildung“, wie Berufsausbildung in der Hochschule und berufliche Fortbildung mußten ausgeklammert werden. Nach Auffassung der Kommission müssen vor allem folgende Fragen durch die Union beantwortet und einer Lösung zugeführt werden:

1. Wie kann der junge Mensch bei seiner Berufswahl besser beraten werden?
2. Welchen Stellenwert hat die berufliche Bildung im Bildungskonzept der Union?

3. Welche Konsequenzen ergeben sich daraus für Schule und Betrieb?
4. Wie können die Bildungsgänge in Schule und Betrieb besser aufeinander abgestimmt werden?
5. Wer soll in Zukunft für die Durchführung der außerschulischen beruflichen Bildung verantwortlich sein?
6. Wie soll die außerschulische berufliche Bildung in Zukunft finanziert werden?

Die Kommission hat in vier Kapiteln eine Antwort gesucht:

I. Beratung

In diesem Kapitel wird auf die Notwendigkeit des Ausbaus der Beratungsdienste und der Intensivierung der Beratung in den Klassen 7 bis 9 verwiesen, um dem jungen Menschen die Berufsbildung zu erleichtern.

II. Grundsatzthesen zur beruflichen Bildung

Diese Thesen unterstreichen die Gleichwertigkeit der „allgemeinen“ und der „beruflichen“ Bildung. Die berufliche Bildung muß nach bildungspolitischen und pädagogischen Zielsetzungen gestaltet werden; entgegenstehende betriebliche Gesichtspunkte und Interessen dürfen dieses Ziel nicht gefährden.

Auf dieser Grundlage wird die sinnvolle Aufteilung der beruflichen Bildung auf die Lernorte Schule und Betrieb bejaht. Der Betrieb, der in die berufspraktischen Teile der Ausbildung einführt und anwendungsbezogene Theorie vermittelt, wird als unverzichtbarer Teil der beruflichen Bildung bezeichnet. Das heißt: keine einseitige Verschulung der beruflichen Bildung; sondern bessere Verzahnung der beiden Lernorte.

III. Berufliche Bildung in „Schule und Betrieb“

In diesem Kapitel werden in detaillierter Form die Konsequenzen formuliert, die sich aus den grundsätzlichen Aussagen des Kapitels II. ergeben.

Die Lernorte Schule und Betrieb werden nicht getrennt abgehandelt; in den Abschnitten dieses Kapitels werden die Anforderungen aufgezeigt, die auf den einzelnen Stufen der beruflichen Bildung an Schule und Betrieb als Teile eines als Einheit konzipierten Bildungsganges gestellt werden müssen.

Große Bedeutung kommt dem Abschnitt „Besondere Aufgaben im Bereich der beruflichen Bildung" zu; in diesem Abschnitt wird die Problematik der beruflichen Bildung Jugendlicher ohne Hauptschulabschluß, ausländischer Jugendlicher, behinderter Jugendlicher und Jugendlicher in Erziehungsheimen und im Strafvollzug angesprochen.

Im Bereich der beruflichen Grundbildung gibt es zwei Alternativen: einmal sowohl in rein schulischer Form als Berufsgrundschuljahr als auch in kooperativer Form (Berufsgrundbildungsjahr) in Betrieb und Schule. Nach diesem Modell könnte der Jugendliche sowohl Schüler wie Auszubildender sein.

Die andere Alternative geht davon aus, daß sich berufliche Grundbildung ausschließlich in schulischer Zuständigkeit vollziehen darf, auch dann, wenn das Berufsgrundschuljahr in dieser Form den Lernort Betrieb bereits einbezieht. Nach diesem Modell wäre der Jugendliche ausschließlich Schüler; die Schule wäre für die Organisation des Berufsgrundschuljahres und die Koordinierung des Bildungsganges zuständig. Diese zweite Alternative ist kurzfristig nicht zu verwirklichen.

IV. Zuständigkeit, Kontrolle und Finanzierung der außerschulischen Berufsbildung

In der Frage, ob die Verantwortlichkeit der außerschulischen beruflichen Bildung auch in Zukunft bei den Kammern verbleiben soll, sind drei Alternativen erarbeitet worden:

1. Die Kammern bleiben weiterhin „zuständige Stelle" im Sinne des Berufsbildungsgesetzes. Allerdings soll auch dieses „Kammersystem" gegenüber der bisherigen Regelung erheblich modifiziert werden (Verstärkung der Aufsicht durch die Landesregierung, Verstärkung der Kompetenzen der Berufsbildungsausschüsse bei den Kammern).
2. Die Verantwortlichkeit für die Durchführung der außerschulischen beruflichen Bildung wird auf eine Bundesanstalt für Arbeit und berufliche Bildung übertragen. Auf den

einzelnen Ebenen dieses Systems (Bund-Land-Region bzw. Kreise und Städte) sollen alle an der beruflichen Bildung Beteiligten mit Stimmrecht mitwirken können.

3. Einrichtung von Berufsbildungskammern zur besseren Abstimmung von Schule und Betrieb. Dadurch wird eine neue Ebene geschaffen, auf der die gemeinsamen Bemühungen aller Partner zusammengefaßt werden sollen.

Die außerschulische berufliche Bildung soll durch eine Umlage von allen — auch den öffentlichen — Arbeitgebern finanziert werden.

I. Beratung

1. Die Vielgestaltigkeit unseres Bildungssystems und die Notwendigkeit lebenslangen Lernens erfordern eine fortlaufende individuelle Beratung aller Bildungswilligen. Die Beratung muß insbesondere auf die Anforderungen des Bildungsweges, Aufstiegsmöglichkeiten, die Durchlässigkeit zu anderen Bildungswegen, Neigung und Eignung und die Zukunftschancen abgestellt sein. Die hierfür zuständigen Beratungsdienste, insbesondere der schulpsychologische Dienst, die Schullaufbahnberatung, die Ausbildungsberatung, die Studienberatung, die Berufsberatung, Arbeits- und Förderungsberatung, sind quantitativ und qualitativ so auszubauen, daß sie diesen Erfordernissen Rechnung tragen können. Eine Koordinierung und Abstimmung der Beratungsdienste ist sicherzustellen.

Der Aufbau eines alle Stufen des Bildungswesens umfassenden Dokumentations- und Informationswesens ist die Grundlage für eine wirksame Beratung in allen Bereichen.

2. Wegen der notwendigen Differenzierung bedarf es einer individuellen Beratung der Schüler über die möglichen Schullaufbahnen und Berufsfelder. Kontinuierliche Information und Entscheidungshilfe bereits in den Klassenstufen 7 bis 9 sind notwendig, um den Schüler zu einer Berufswahl anzuregen, die seiner Eignung und Neigung entspricht. Diese Aufgabe wird an allen Schulen von Schullaufbahnberatern übernommen, die mit den Beratungsdiensten der Arbeitsverwaltung (Berufs- und Studienberatung) und dem schulpsychologischen Dienst zusam-

menarbeiten; freiwillige Eignungsuntersuchungen in Zusammenarbeit von Schule und Berufsberatung erleichtern die Berufsfindung und objektivieren die Auswahlmethoden der Betriebe.

II. Grundsatzthesen zur beruflichen Bildung

1. Berufliche Bildung muß Teil eines unfassenden Gesamtbildungskonzepts sein. Ebenso wie die anderen Bildungsbereiche soll sie junge Menschen befähigen,

— in sozialer Verantwortung die Lebenschancen in unserer Gesellschaft den Möglichkeiten, Fähigkeiten und Neigungen des einzelnen entsprechend zu nutzen;

— sich mit den bestehenden Verhältnissen kritisch auseinanderzusetzen und sie im jeweiligen Lebensbereich weiterzuentwickeln.

In dieser Zielsetzung treffen sich die Bildungsinteressen des einzelnen mit denen von Staat und Gesellschaft.

2. Die Verwirklichung dieses Zieles erfordert einen stärkeren Lebensbezug aller Bildungseinrichtungen. Im allgemeinbildenden Schulwesen kommt der Lebensbezug insgesamt zu wenig zur Geltung. Die berufliche Bildung ist heute vielfach zu eng auf die betriebliche Arbeitswelt ausgerichtet.

3. In einer bestimmten Entwicklungsphase bezieht die Mehrheit der jungen Menschen ihre Lernmotivation aus dem konkreten Lebensbezug eines Bildungsbereiches. Von ihm ausgehend kann der Bildungsprozeß erfolgreich gefördert werden. Er bietet darüber hinaus Anreiz und Fähigkeit zum Weiterlernen, zum Einarbeiten in immer wieder neue Aufgaben (lebenslanges Lernen).

4. Allgemeine und berufliche Bildung sind gleichwertig. Als Teile eines Gesamtbildungskonzeptes müssen beide stärker aufeinander abgestimmt werden. Für den berufsbezogenen Weg muß die volle Durchlässigkeit zur Hochschule hin chancengleich eröffnet werden.

5. Die berufliche Bildung muß nach bildungspolitischen und pädagogischen Zielsetzungen gestaltet werden. Entgegenste-

hende betriebliche Gesichtspunkte und Interessen dürfen dieses Bildungsziel nicht gefährden.

6. Bildungsprinzip in allen Lernorten ist die Förderung von bewußtem sozialen Verhalten, Urteilsfähigkeit und Veränderungsbereitschaft.

7. Theorie und Praxis stehen in der beruflichen Bildung in engem Zusammenhang. Sie müssen besser als bisher verbunden werden. Der Anteil der Theorie muß in allen Berufsfeldern so bemessen sein, daß qualifizierte Ausbildung gesichert ist.

8. Lebensbezogene berufliche Bildung hat theoretische und praktische Seiten. Dementsprechend muß eine pädagogisch sinnvolle funktionale Aufteilung der beruflichen Bildung auf die Lernorte Schule und Betrieb einschließlich überbetrieblicher Ausbildungsstätten erfolgen:

— Allgemeinbildende Kenntnisse, Einsichten und Fachtheorie werden am Lernort Schule vermittelt.

— Der Lernort Betrieb vermittelt die unmittelbare Einführung in die berufspraktischen Teile der Ausbildung und in anwendungsbezogene Theorie. Er ist unverzichtbarer Teil der Berufsbildung.

Die Verklammerung von Fachtheorie und breit angelegtem berufspraktischem Lernen wird in betrieblichen und überbetrieblichen Ausbildungsstätten gefördert. Sie bedürfen einer besonders engen Verzahnung mit den Berufsschulen.

III. Berufliche Bildung in Schule und Betrieb

1. Berufliche Bildung vollzieht sich an den Lernorten Betrieb und Schule in öffentlicher Verantwortung. Kernpunkt der Reform ist die Verbesserung der Ausbildung in beiden Bereichen und die wirksamere Verzahnung von Praxis und Theorie. Berufliche Bildung erfolgt im Bereich der Sekundarstufe II; sie muß mit dem allgemeinbildenden Schulwesen durch abgestufte und differenzierte Ausbildungswege in Pflicht- und Wahlschulen enger verbunden werden. Berufliche Bildung vermittelt gestufte berufsqualifizierende und allgemeinbildende Abschlüsse.

2. Berufliche Grundbildung

Voraussetzung für eine moderne, leistungfähige Ausbildung ist die Gliederung in berufsfeldbezogene Grundbildung und darauf aufbauende, begriffsqualifizierende Fachbildung. Die Schule braucht dabei einen angemessenen, gegenüber früher erweiterten Anteil und eine wirksamere Stellung im System der beruflichen Bildung. Berufliche Grundbildung darf nicht eng spezialisieren, sondern muß eine ausreichende Breite von Berufsfeldern und allgemeine Bildungsinhalte anbieten.

Berufliche Grundbildung vollzieht sich ohne Beeinflussung durch Produktion, auch wenn sie die Lernorte Schule und Betrieb umfaßt.

Alternative I:

Berufliche Grundbildung wird in zwei Formen entwickelt:
— in rein schulischer Form als Berufsgrundschuljahr
— in kooperativer Form als Berufsgrundbildungsjahr in Betrieb und Schule.

Die Tatsache, daß Jugendliche in diesem Modell entweder Schüler oder Auszubildende sein können, entspricht der Differenzierung beruflicher Bildungswege.

Die Anrechnung des Berufsgrundschuljahres auf eine anschließende Fachbildung ist gesetzlich sicherzustellen.

Jugendliche ohne Ausbildungsverhältnis werden durch das Berufsgrundschuljahr besonders gefördert.

Alternative II:

Berufliche Grundbildung vollzieht sich als Berufsgrundschuljahr
— in rein schulischer Form
— in Betrieb und Schule.

Beide Formen vollziehen sich in organisatorischer Verantwortung der Schule. Sie ist damit zuständig für die Koordinierung der beiden Lernorte.

Die Anrechnung der beruflichen Grundbildung dieser Form auf eine anschließende Fachbildung ist gesetzlich sicherzustellen.

Soweit und solange ein Berufsgrundschuljahr noch nicht allgemein verwirklicht werden kann, wird berufliche Grundbildung in rein schulischer und in kooperativer Form organisiert.

Für Jugendliche, die im Anschluß an die berufliche Grundbildung nicht in eine weitere Fachbildung eintreten, müssen besondere Formen der Förderung eingerichtet werden.

3. Berufliche Fachbildung

Berufliche Fachbildung muß sich differenzieren nach

— den Ausbildungszielen und der Ausbildungsdauer
— der Intensität der Anforderungen in Fachtheorie und betrieblicher Praxis
— den individuellen Interessen und Schwerpunkten der Auszubildenden.

Die Schule antwortet auf diese Forderungen durch

— Einführung einer Leistungsdifferenzierung in den Berufsschulen und Entwicklung eines Systems gestufter Abschlüsse
— Einführung von Wahlpflicht- und Wahlfächern neben den Pflichtfächern, so daß entsprechend Leistungsfähigkeit und Leistungswilligkeit der Schüler berufsqualifizierende und allgemeinbildende Abschlüsse erworben werden können;
— Ausbau der beruflichen Wahlschulen.

Der Betrieb antwortet auf diese Forderung durch

— Stufung der Ausbildung
— Einführung von Zwischenabschlüssen
— systematische Ergänzung durch überbetriebliche Unterweisungen.

Schulische, betriebliche und überbetriebliche Ausbildungsinhalte sind in einem flexiblen System als aufeinander abgestimmte Lerneinheiten zusammenzufassen. Geeignete Kooperationsformen sind zu schaffen.

Für eine Verbesserung der beruflichen Fachbildung kommt der Bildung von Fachklassen besondere Bedeutung zu. Sie muß auch in ländlichen Gebieten erreicht werden. Entsprechende Organisationsformen sind dafür vorzusehen. Der Blockunterricht mit seinen wechselnden Phasen betrieblicher Ausbildung und geschlossenen ein- oder mehrwöchigen Unterrichtsblöcken übernimmt dabei eine zentrale Aufgabe. Er führt zu höherer Wirksamkeit der schulischen wie der betrieblichen Ausbildung und zwingt zu sorgfältiger Abstimmung und Ergänzung schulischer und betrieblicher Ausbildungsphasen.

4. Prüfungen

Beim Abschluß der beruflichen Bildung durch Prüfungen sind die einzelnen Träger beruflicher Bildung gleichberechtigt zu beteiligen. Insbesondere ist die Verantwortung und Zuständigkeit der Schule für die Prüfung der in ihr vermittelten Bildungsinhalte zu sichern.

5. Berufliche Wahlschulen

Berufliche Wahlschulen, insbesondere in Vollzeitform, führen zu schulischen und beruflichen Abschlüssen (Sekundarabschluß I, Sekundarabschluß II). Sie sichern die Gleichwertigkeit von beruflicher und allgemeiner Bildung, ermöglichen sowohl den Erwerb von doppelt profilierten Bildungsabschlüssen wie den von nachträglichen Qualifikationen. Die Entwicklung der berufsbildenden Wahlschulen erfordert die Erarbeitung geeigneter Schullaufbahnen (Curricula), damit dieser Bereich überschaubarer und mit dem Bereich der beruflichen Erstausbildung besser verbunden wird. Berufsfachschulen und Berufsaufbauschulen sind dementsprechend weiterzuentwickeln. Fachoberschulen und berufliche Gymnasien dürfen nicht nur zu einer Studienberechtigung führen, sie müssen in Zukunft auch den gleichzeitigen Erwerb einer Berufsqualifikation ermöglichen. Fachschulen bedürfen eines Ausbaus, vor allem weil sie außerhalb der Hochschule Aufstieg durch berufliche Weiterqualifikation ermöglichen.

6. Lehrer und Ausbilder

Berufliche Bildung in der Schule bedarf einer entschiedenen Verbesserung durch

- Vermehrung der Zahl der Lehrer, gegebenenfalls durch besondere Werbemaßnahmen
- qualitative Verbesserung der Ausbildung von Lehrern
- Entwicklung spezieller qualifizierter Ausbildungsgänge für das Lehramt an berufsbildenden Schulen
- Durchlässigkeit der Lehrerlaufbahnen in der Sekundarstufe II
- Intensivierung der allgemeinen und fachlichen Fortbildung für die Lehrer.

Berufliche Bildung im Betrieb bedarf einer Verbesserung durch

- grundsätzliche fachliche Mindestqualifikation der Ausbilder
- qualitative Verbesserung von berufs- und arbeitspädagogischen Kenntnissen
- Intensivierung der allgemeinen und fachlichen Fortbildung
- Erweiterung des Angebots an besonderen Bildungsmaßnahmen für Ausbilder.

7. Besondere Aufgaben im Bereich der beruflichen Bildung

a) Jugendliche ohne Hauptschulabschluß

25 % aller Jugendlichen verlassen die Hauptschule ohne Abschluß — nur mit einem Abgangszeugnis. Die Förderkurse der Bundesanstalt für Arbeit sind auf der Basis ärztlich-psychologischer Eignungsuntersuchungen umfassend auszubauen. Ziel ist es, diese Jugendlichen in ein normales Ausbildungsverhältnis oder zumindest in eine Anlernstelle zu vermitteln.

Jugendliche, die einer solchen Ausbildung nicht gewachsen sind, sollen die Möglichkeit zu einer weniger anspruchsvollen Ausbildung erhalten. Sie sollen zumindest eine einjährige abgeschlossene Grundbildung erhalten, an die sich eine verkürzte oder normale Ausbildung anschließt.

Neue Formen des Berufsgrundschuljahres sind für diese Jugendlichen nach ärztlichen, pädagogischen und psychologischen Erkenntnissen zu entwickeln.

b) Berufsausbildung ausländischer Jugendlicher

Unterschiedliche Aufenthaltsdauer, sprachliche Schwierigkeiten, andersartige Ausbildungsvoraussetzungen dürfen nicht dazu führen, diese Jugendlichen von Ausbildungsverhältnissen fernzuhalten. Für sie müssen besondere Maßnahmen, insbesondere der sprachlichen Förderung, eingesetzt werden. Da nur ausländische Jugendliche aus EG-Ländern Berufsausbildungsbeihilfe aus Mitteln der Bundesanstalt für Arbeit erhalten, fordert die CDU Maßnahmen zur finanziellen und organisatorischen Unterstützung der Ausbildungsmaßnahmen für Jugendliche aus Ländern außerhalb der Europäischen Gemeinschaft.

c) Behinderte Jugendliche

Behinderte Jugendliche sollen in anerkannten Ausbildungsberufen oder entsprechenden stufenbezogenen Ausbildungsgängen zu den für sie erreichbaren Abschlüssen/Qualifikationen geführt werden. Für Schwerstbehinderte, die nicht in die Berufs- und Arbeitswelt eingegliedert werden können, muß ein eigener Behindertenplan entwickelt werden.

d) Berufsausbildung in Erziehungsheimen und im Strafvollzug

Jugendlichen ohne Ausbildungsverhältnis in Erziehungsheimen müssen geeignete Chancen geboten werden, die ihnen die Wiedereingliederung in Gesellschaft und Arbeitswelt erleichtern.

Jugendliche im Strafvollzug weisen überproportional eine unzureichende Schulbildung auf. Eine Verbesserung ihres Bildungsstandes muß daher im allgemeinen einer wirksamen Berufsförderung vorausgehen. Je nach der individuellen Eignung ist eine Ausbildung in anerkannten Berufen mit Zukunftsaussichten fortzusetzen oder neu zu beginnen. Zusätzlich sind arbeitstherapeutische Maßnahmen erforderlich.

IV. Zuständigkeit, Kontrolle und Finanzierung der außerschulischen Berufsbildung

Modell I: Bundesanstalt für Arbeit und berufliche Bildung

18. Allgemeine und berufliche Bildung sind gleichrangige öffentliche Aufgaben. Die federführende Zuständigkeit für die

berufliche Bildung außerhalb schulischer Einrichtungen hat der Bundesminister für Bildung und Wissenschaft; ihm obliegt auch die Abstimmung mit den Kultusministern der Länder.

19. Die außerschulische berufliche Bildung ist über eine „Bundesanstalt für Arbeit und berufliche Bildung“ zu finanzieren, zu überwachen und auszubauen. Dazu erhebt die „Bundesanstalt für Arbeit und berufliche Bildung“ eine Umlage von allen — auch den öffentlichen — Arbeitgebern; die Berechtigung zur Ausbildung und die Vergabe der Mittel werden an die Einhaltung von Mindestnormen der Ausbildungsqualität geknüpft. Durch einen bundeseinheitlichen Daten- und Statistikkatalog sollen die Verbesserungen in der beruflichen Bildung meßbar werden. Entsprechend den bildungspolitischen Zielsetzungen sind dem Bundesminister für Bildung und Wissenschaft für den außerschulischen Bereich Weisungs- und Kontrollrechte gegegenüber der „Bundesanstalt für Arbeit und berufliche Bildung“ einzuräumen.

20. Auf den einzelnen Ebenen dieses Systems sollen neben den Ressorts der öffentlichen Verwaltung und den Sozialpartnern die Lehrerschaft, betriebliche Ausbilder sowie Auszubildende mit Stimmrecht beteiligt werden.

Die Kultusministerien und -behörden der Länder müssen in den Organen der „Bundesanstalt für Arbeit und berufliche Bildung“ angemessen vertreten sein.

Den Berufsbildungsausschüssen auf örtlicher Ebene sind Beschlußrechte für die Durchführung und Überwachung der außerschulischen beruflichen Bildung einzuräumen. Ihnen sind auch die Ausbildungsberater zuzuordnen; ihre Anzahl ist erheblich zu erhöhen.

Modell II: Modifiziertes Kammersystem

21. Die bestehenden Kammern bleiben zuständige Stelle für die außerschulische Berufsbildung im Sinne des Berufsbildungsgesetzes.

22. Die Aufsicht durch die Landesregierung ist wirksamer zu gestalten, indem über die Rechtsaufsicht hinaus die Fachaufsicht verstärkt wird.

23. Die Verantwortlichkeit des Berufsbildungsausschusses der zuständigen Stelle wird ausgebaut. Ihm ist eine stärkere Mitwirkung bei der Planung und Durchführung überbetrieblicher Unterweisungsmaßnahmen einzuräumen. Die Ausbildungsberater sind gegenüber dem Berufsbildungsausschuß berichts- und auskunftspflichtig.

Lehrern und Auszubildenden sind Mitwirkungsrechte einzuräumen. Der Berufsbildungsausschuß tagt unter Vorsitz eines staatlichen Beauftragten.

24. Ein bundeseinheitliches Akkreditierungssystem für Ausbildungsbetriebe auf der Basis des Berufsbildungsgesetzes und der Ausbildungsordnungen wird eingeführt. Durch die regelmäßige Berichterstattung nach einem bundeseinheitlichen Daten- und Statistikkatalog wird eine stärkere Kontrolle und bessere Durchschaubarkeit gewährleistet.

25. Die Zahl der Ausbildungsberater ist so zu erhöhen, daß ein Ausbildungsberater für 1000 Auszubildende zuständig ist.

26. Die außerschulische berufliche Bildung ist über einen Fonds aus Betriebsumlagen und öffentlichen Mitteln zu finanzieren. Mit der Organisation des Fonds wird die Bundesanstalt für Arbeit beauftragt. Die Vergabe der Mittel ist nicht an eine zusätzliche Akkreditierung zu knüpfen. Die Kontrolle der sachgerechten Verwendung der Fondsmittel erfolgt durch den Berufsbildungsausschuß der zuständigen Stelle. Die Abrechnung wird von den zuständigen Arbeitsämtern durchgeführt.

Modell III: Berufsbildungskammern

27. Zur Organisation und Kontrolle der beruflichen Bildung werden als neue zuständige Organisationen Berufsbildungskammern als Körperschaften des öffentlichen Rechts eingerichtet. Das neue Kammersystem baut sich vierstufig auf: Bundes: kammer für Berufsbildung, Landeskammer für Berufsbildung, Regionalkammer für Berufsbildung und Berufsbildungsausschuß beim Schulträger nach dem Modell des Jugendwohlfahrtsausschusses.

28. Die Berufsbildungskammern haben folgende Aufgaben:
Planung und Koordinierung der Bildungsmaßnahmen an den verschiedenen Lernorten beruflicher Bildung,
Beratung der Ausbildungsträger,
Beratung der Auszubildenden und der Ausbildenden,
Durchführung der Akkreditierungsverfahren für diese Lernorte,
Überwachung und Kontrolle der Berufsausbildung an den verschiedenen Lernorten,
Führung des Verzeichnisses der Berufsausbildungsverträge,
Träger außerschulischer beruflicher Bildungseinrichtungen, Prüfungswesen, Standortfragen und Finanzierungskriterien.

29. Die Kammergremien werden paritätisch besetzt mit Vertretern der Arbeitnehmer, Arbeitgeber und Vertretern der zuständigen staatlichen Stellen; bei letzteren muß die Lehrerschaft ausreichend vertreten sein. Die Vertreter der Auszubildenden wirken im Berufsbildungsausschuß beim Schulträger mit.

30. Die Finanzierung der Berufsausbildung erfolgt über ein Fondssystem. Ein Bundesvergabeausschuß verwaltet die aufgebrachten Mittel.

b) Reform der beruflichen Bildung, Beschluß des 22. Bundesparteitages der CDU am 19. November 1973 in Hamburg

I. Grundsatzthesen zur beruflichen Bildung

Vorwort

Bildungspolitik muß die Voraussetzungen schaffen für die Selbstverwirklichung des einzelnen in der Gesellschaft. Bildung und Ausbildung bestimmen die Leistungen des Menschen in der Gesellschaft und sein Verhältnis zu ihr; sie helfen ihm, sich in die humane Wertordnung einer freiheitlichen und demokratischen Gesellschaft einzufügen und diese mitzugestalten. *Die CDU bekennt sich zum Leistungsprinzip und zu der im Grundgesetz festgelegten Pflicht des Staates, allen jungen Menschen gleiche Chancen im Bildungswesen zu sichern. Eine verantwortungsbewußte und realistische Bildungspolitik hat dabei auch den Bedarf und die finanziellen Möglichkeiten zu berücksichtigen.*

Die Reform der beruflichen Bildung muß sich an diesen Grundsätzen orientieren.

1. Die CDU wird die Gleichwertigkeit der beruflichen Bildung mit anderen Bildungswegen in ihrem politischen Handeln durchsetzen. Berufliche Bildung ist Teil eines umfassenden Gesamtbildungskonzepts.

Berufliche Bildung soll den jungen Menschen zu beruflicher und sozialer Mitarbeit befähigen. Die berufliche Bildung muß ihm eine hohe fachliche Qualifikation für seinen Beruf vermitteln, um ihm die Mobilität und die Aufstiegschancen zu geben, die er in einer vom Strukturwandel geprägten Wirtschaft zur eigenen Sicherung und zur Entwicklung seiner Persönlichkeit braucht.

Die berufliche Bildung muß den jungen Menschen in die Lage versetzen, die Lebenschancen in unserer Gesellschaft seinen Möglichkeiten, Fähigkeiten und Neigungen entsprechend zu nutzen. Der junge Mensch soll lernen, sich mit den bestehenden Verhältnissen kritisch auseinanderzusetzen und in Selbständigkeit, Verantwortlichkeit und Leistungsbereitschaft zur Gestaltung unserer Gesellschaft beizutragen.

2. Die Verwirklichung dieses Zieles erfordert einen stärkeren Lebensbezug unseres gesamten Bildungswesens. Er muß im allgemeinbildenden Schulwesen stärker als bisher zur Geltung kommen. Berufliche Bildung muß diesen Lebensbezug auch in Zukunft sichern, ohne wie heute vielfach zu eng auf betriebliche Arbeitsabläufe ausgerichtet zu sein. Sie muß nach einem bildungspolitischen und pädagogischen Konzept gestaltet werden, das die Möglichkeit der Schule wie des Betriebes im Sinne der Vorbereitung auf die Arbeitswelt gleichermaßen nutzt.

3. *Allgemeine und berufliche Bildung sind gleichwertig. Sie müssen stärker aufeinander abgestimmt werden. Für den berufsbezogenen Weg muß die Durchlässigkeit zur Hochschule hin*

eröffnet werden. Für Abiturienten müssen als Alternative zum Studium qualifizierte berufsbezogene Bildungswege im dualen System eine dem Hochschulabschluß gleichwertige Berufsqualifikation ermöglichen.

4. Theorie und Praxis stehen in der beruflichen Bildung in engem Zusammenhang. Sie müssen durch die Weiterentwicklung des dualen Systems besser als bisher verbunden werden. *Der Anteil der Theorie muß in allen Berufsfeldern so bemessen sein, daß qualifizierte Ausbildung gesichert ist.*

5. Berufliche Bildung hat theoretische und praktische Seiten. Dementsprechend muß eine pädagogisch sinnvolle funktionale Aufteilung der beruflichen Bildung auf die Lernorte Schule und Betrieb einschließlich überbetrieblicher Ausbildungsstätten erfolgen. In vielen Berufsfeldern ist der Lernort Betrieb unverzichtbarer Teil der Berufsbildung. Wegen der notwendigen Verklammerung von Fachtheorie und breit angelegtem berufspraktischen Lernen bedürfen betriebliche und überbetriebliche Ausbildungsstätten einer engen Verzahnung mit den Berufsschulen.

6. *Zur Verwirklichung der Freizügigkeit aller Arbeitnehmer ist eine gemeinsame gleichwertige europäische Berufsbildungspolitik unerläßlich. Vordringlich ist die gegenseitige Anerkennung der Berufsabschlüsse, der Zeugnisse und Diplome.*

7. Die Finanzhilfe für Schulen in freier Trägerschaft ist auf den gesamten berufsbildenden Bereich auszudehnen und zu verbessern. Staatliche Anerkennung der Abschlüsse ist Voraussetzung.

II. Berufsberatung und Berufswahl

1. *Die Vielgestaltigkeit unseres Bildungssystems und die Notwendigkeit lebenslangen Lernens erfordern eine fortlaufende individuelle Beratung aller Bildungswilligen.* Die Beratung muß insbesondere auf die Anforderungen des Bildungsweges, Aufstiegsmöglichkeiten, die Durchlässigkeit zu anderen Bildungswegen, Neigung und Eignung und die beruflichen Zukunftschancen abgestellt sein. Die hierfür zuständigen Beratungsdienste, insbesondere die Schullaufbahnberatung, unterstützt

durch den schulpsychologischen und schulärztlichen Dienst und die Berufsberatung, Arbeits- und Förderungsberatung, unterstützt durch den arbeitspsychologischen und arbeitsärztlichen Dienst, sind quantitativ und qualitativ auszubauen. Eine Koordinierung und Abstimmung der Beratungsdienste ist sicherzustellen. Der Aufbau eines alle Stufen des Bildungswesens umfassenden Dokumentations- und Informationswesens ist die Grundlage für eine wirksame Beratung in allen Bereichen.

2. *Da Schule den Schülern nicht einseitig fördern, sondern differenzierte Wege erschließen soll, muß sie möglichst früh allen Schülern auch die Möglichkeit geben, manuelle Fähigkeiten zu entwickeln und zu erproben.* Aufbauend auf diesen Erfahrungen sind kontinuierliche Informationen und Entscheidungshilfen bereits in den Klassenstufen 7. bis 9. notwendig, um den Schülern zu einer Berufswahl anzuregen, die seiner Eignung und Neigung entspricht. Diese Aufgabe wird an allen Schulen von Schullaufbahnberatern übernommen, die mit den Beratungsdiensten der Arbeitsverwaltung (Berufs- und Studienberatung) und dem schulpsychologischen Dienst zusammenarbeiten; freiwillige Eignungsuntersuchungen in Zusammenarbeit von Schule und Berufsberatung erleichtern die Berufsfindung und objektivieren die Auswahlmethoden der Betriebe.

3. *Die richtige Berufswahl für den jungen Menschen setzt die verantwortliche Mitarbeit der Eltern voraus.* Berufsberatung muß so gestaltet werden, daß möglichst viele Eltern die Chancen dieser Berufsberatung erkennen und von ihr Gebrauch machen.

4. *Die Probleme behinderter Jugendlicher sowie ausländischer Jugendlicher aus den EG-Staaten und den Staaten, mit denen Anwerbevereinbarungen getroffen wurden, sind bei der Entwicklung der Beratungs- und Bildungspläne besonders zu berücksichtigen.*

III. Berufliche Bildung in Schule und Betrieb

1. Berufliche Bildung vollzieht sich an den Lernorten Betrieb und Schule in öffentlicher Verantwortung. Kernpunkt der Reform ist die Verbesserung der Ausbildung in beiden Bereichen

und die wirksame Verzahnung von Praxis und Theorie. *Berufliche Bildung erfolgt vorwiegend im Bereich der Sekundarstufe II. Sie muß mit dem allgemeinbildenden Schulwesen durch abgestufte und differenzierte Ausbildungswege in Pflicht- und Wahlschulen mehr verbunden werden* und ein berufsübergreifendes Unterrichtsangebot einschließen, zu dem auch das Fach Sport gehört. Berufliche Bildung vermittelt gestufte berufsqualifizierende und allgemeinbildende Abschlüsse. Sie vollzieht sich in den Betrieben der Wirtschaft, in der öffentlichen Verwaltung und in den freien Berufen.

Berufliche Grundbildung

2. *Voraussetzung für eine moderne, leistungsfähige Ausbildung ist die Gliederung in berufsfeldbezogene Grundbildung und darauf aufbauende, berufsqualifizierende Fachbildung. Die Schule braucht dabei einen angemessenen, gegenüber früher erweiterten Anteil und eine wirksamere Stellung im System der beruflichen Bildung.* Berufliche Grundbildung darf nicht eng spezialisieren, sondern muß eine ausreichende Breite von Berufsfeldern und allgemeine Bildungsinhalte anbieten.

Berufliche Grundbildung vollzieht sich ohne Beeinflussung durch Produktion, auch wenn sie die Lernorte Schule und Betrieb umfaßt. Dabei ist der *Hinführung zu sozialpflegerischen und sozialpädagogischen Berufen in Pflegeschulen bei der beruflichen Grundbildung eine besondere Stellung einzuräumen.*

Berufliche Grundbildung vollzieht sich als Berufgrundbildungsjahr

— in rein schulischer Form

— in Betrieb und Schule in kooperativer Form.

Um die Anrechenbarkeit der beruflichen Grundbildung auf eine anschließende Fachbildung sicherzustellen, müssen Rahmenlehrpläne und Ausbildungsordnungen aufeinander abgestimmt sein.

Für Jugendliche, die im Anschluß an die berufliche Grundbildung nicht in eine weitere Fachbildung eintreten, müssen besondere Formen der Förderung eingerichtet werden.

3. Berufliche Fachbildung

Berufliche Fachbildung muß sich differenzieren nach

— den Ausbildungszielen und der Ausbildungsdauer
— der Intensität der Anforderungen in Fachtheorie und betrieblicher Praxis
— den individuellen Interessen und Schwerpunkten der Auszubildenden.

Diesen Forderungen muß durch eine entsprechende Gestaltung der Rahmenrichtlinien und Ausbildungsordnungen Rechnung getragen werden.

Die Schule antwortet auf diese Forderungen durch

— Einführung einer Leistungsdifferenzierung in den Berufsschulen und Entwicklung eines Systems gestufter Abschlüsse
— Einführung von Wahlpflicht- und Wahlfächern neben den Pflichtfächern, so daß entsprechende Leistungsfähigkeit und Leistungswilligkeit der Schüler berufsqualifizierende und allgemeinbildende Abschlüsse erworben werden können.
— Ausbau der beruflichen Wahlschulen.

Der Betrieb antwortet auf diese Forderungen durch

— Stufung der Ausbildung
— Einführung von Zwischenabschlüssen
— systematische Ergänzung durch überbetriebliche Unterweisungen.

Schulische, betriebliche und überbetriebliche Ausbildungsinhalte sind in einem flexiblen System als aufeinander abgestimmte Lerneinheiten zusammenzufassen. Geeignete Kooperationsformen sind zu schaffen.

Für eine Verbesserung der beruflichen Fachbildung kommt der *Bildung von Fachklassen* besondere Bedeutung zu. *Sie muß auch in ländlichen Gebieten erreicht werden.* Entsprechende Organisationsformen sind dafür vorzusehen. Der Blockunterricht mit seinen wechselnden Phasen betrieblicher Ausbildung und geschlossenen Unterrichtsblöcken übernimmt dabei eine zentrale Aufgabe. Er führt zu höherer Wirksamkeit der schulischen wie der betrieblichen Ausbildung und zwingt zu sorgfältiger Abstimmung und Ergänzung schulischer und betrieblicher Ausbildungsphasen.

4. Prüfungen

Beim Abschluß der beruflichen Bildung durch Prüfungen sind die einzelnen Träger beruflicher Bildung gleichberechtigt zu beteiligen. Insbesondere ist die Verantwortung und Zuständigkeit der Schule für die Prüfung der in ihr vermittelten Bildungsinhalte zu sichern.

5. Berufliche Wahlschulen

Berufliche Wahlschulen, insbesondere in Vollzeitform, führen zu schulischen und beruflichen Abschlüssen. Sie sichern die Gleichwertigkeit von beruflicher und allgemeiner Bildung, ermöglichen sowohl den Erwerb von doppelt profilierten Bildungsabschlüssen wie den von nachträglichen Qualifikationen. Die Entwicklung der berufsbildenden Wahlschulen erfordert die Erarbeitung geeigneter Schullaufbahnen (Curricula), damit dieser Bereich überschaubar und mit dem Bereich der beruflichen Erstausbildung besser verbunden wird. Berufsfachschulen und Berufsaufbauschulen sind dementsprechend weiterzuentwickeln. *Fachoberschulen und berufliche Gymnasien dürfen nicht nur zu einer Studienberechtigung führen, sie müssen in Zukunft auch den gleichzeitigen Erwerb einer Berufsqualifikation ermöglichen.* Fachschulen bedürfen eines Ausbaus, vor allem weil sie außerhalb der Hochschule Aufstieg durch berufliche Weiterqualifikation ermöglichen. Dabei sind die Fachseminare für sozialpflegerische Berufe, z. B. für Familienpflege und Altenpflege Bildungsstätten eigener Art.

Für Abiturienten sind außerhalb der Hochschule attraktive Ausbildungsmöglichkeiten zu schaffen, die sich durch die enge Verzahnung von Theorie und Praxis auszeichnen und zu einem dem Hochschulabschluß gleichwertigen Bildungsabschluß führen (z. B. Berufsakademien). Diese Abschlüsse sind in die Laufbahnverordnungen aufzunehmen.

6. Lehrer und Ausbilder

Berufliche Bildung in der Schule bedarf einer entschiedenen Verbesserung durch

- Vermehrung der Zahl der Lehrer, gegebenenfalls durch besondere Werbemaßnahmen
- qualitative Verbesserung der Ausbildung der Lehrer
- Entwicklung spezieller qualifizierter Ausbildungsgänge für das Lehramt an berufsbildenden Schulen
- Durchlässigkeit der Lehrerlaufbahnen in der Sekundarstufe II
- Intensivierung der allgemeinen und fachlichen Fortbildung für die Lehrer

Berufliche Bildung im Betrieb bedarf einer Verbesserung durch

- grundsätzliche fachliche Mindestqualifikation der Ausbilder
- qualitative Verbesserung von berufs- und arbeitspädagogischen Kenntnissen
- Intensivierung der allgemeinen und fachlichen Fortbildung
- Erweiterung des Angebots an besonderen Bildungsmaßnahmen für Ausbilder

Die Kooperationsmöglichkeit und Kooperationsbereitschaft zwischen Lehrern und Ausbildern muß verbessert werden. Dabei kommt Fortbildungsmaßnahmen, die zur Begegnung beider Gruppen führen, besondere Bedeutung zu.

7. Besondere Aufgaben im Bereich der beruflichen Bildung

a) Jugendliche ohne Hauptschulabschluß

25 % aller Jugendlichen verlassen die Hauptschule ohne Abschluß — nur mit einem Abgangszeugnis. Durch ein Angebot zusätzlicher Förderkurse soll ihnen die Möglichkeit geboten werden, den Hauptschulabschluß nachzuholen. *Die Förderkurse der Bundesanstalt für Arbeit sind auf der Basis ärztlich-psychologischer Eignungsuntersuchungen umfassend auszubauen.* Ziel ist es, diese Jugendlichen in ein normales Ausbildungsverhältnis zu vermitteln.

Jugendliche, die einer solchen Ausbildung nicht gewachsen sind, sollen die Möglichkeit zu einer weniger anspruchsvollen Ausbildung erhalten. Sie sollen zumindest eine einjährige abgeschlossene Grundbildung erhalten, an die sich eine verkürzte oder normale Ausbildung anschließt.

Neue Formen des Berufsgrundschuljahres sind für diese Jugendlichen nach ärztlichen, pädagogischen und psychologischen Erkenntnissen zu entwickeln.

b) Spätausgesiedelte Jugendliche

Eine besondere Gruppe unter den bei der Berufsausbildung Benachteiligten sind spätausgesiedelte Jugendliche. Für sie muß der Besuch von Förderschulen oder Förderschulheimen gesichert werden, ohne daß ihre Eltern (wie bisher) zu den Kosten herangezogen werden.

c) Berufsbildung ausländischer Jugendlicher

Unterschiedliche Aufenthaltsdauer, sprachliche Schwierigkeiten, andersartige Ausbildungsvoraussetzungen dürfen nicht dazu führen, diese Jugendlichen von Ausbildungsverhältnissen fernzuhalten. Für sie müssen besondere Maßnahmen, insbesondere der sprachlichen Förderung, eingesetzt werden. Da nur ausländische Jugendliche aus EG-Ländern Berufsausbildungsbeihilfe aus Mitteln der Bundesanstalt für Arbeit erhalten, fordert die CDU *Maßnahmen zur finanziellen und organisatorischen Unterstützung der Ausbildungsmaßnahmen für ausländische Jugendliche aus Ländern außerhalb der Europäischen Gemeinschaft.*

d) Behinderte Jugendliche

Lernbehinderte, körperbehinderte und geistigbehinderte Jugendliche sollen in anerkannten Ausbildungsberufen oder entsprechenden stufenbezogenen Ausbildungsgängen zu den für sie erreichbaren Abschlüssen/Qualifikationen geführt werden. Für Schwerstbehinderte, die nicht in die Berufs- und Arbeitswelt eingegliedert werden können, muß ein eigener Behindertenplan entwickelt werden. Den Abgängern von Sonderschulen darf die Aufnahme eines Berufsbildungsverhältnisses nicht erschwert werden. Betriebe, die behinderte Jugendliche ausbilden und Arbeitsplätze zur Verfügung stellen, sollen steuerliche Vergünstigungen erhalten.

e) Jugendliche in Heimen der öffentlichen Erziehung

Jugendliche in Heimen der öffentlichen Erziehung müssen die Möglichkeit erhalten, Schulabschlüsse nachzuholen und eine berufliche Grundbildung bzw. Ausbildung zu erfahren. Die Berufsausbildung ist hier Teil eines individuell abzustimmenden Sozialisationsplanes.

f) Jugendliche im Strafvollzug

Jugendliche im Strafvollzug weisen überproportional eine unzureichende Schulbildung auf. Eine Verbesserung ihres Bildungsstandes muß daher im allgemeinen einer wirksamen Berufsförderung vorausgehen. Je nach der individuellen Eignung ist eine Ausbildung in anerkannten Berufen mit Zukunftsaussichten fortzusetzen oder neu zu beginnen. Zusätzlich sind arbeitstherapeutische Maßnahmen erforderlich.

IV. Zuständigkeit und Kontrolle

A. Bundesebene

Um die Abstimmung zwischen Betrieb und Schule zu ermöglichen, fordert die CDU eine Umstrukturierung des Bundesausschusses für Berufsbildung. Im Bundesausschuß sollen Vertreter von Bund, Ländern, Arbeitgebern, Arbeitnehmern und Lehrern an berufsbildenden Schulen gleichberechtigt vertreten sein. Die Bundesanstalt für Arbeit entsendet einen Vertreter.

Durch Vereinbarung zwischen Bund und Ländern ist anzustreben, daß die von dem Bundesausschuß erarbeiteten Grundlagen für die berufliche Bildung (vor allem Rahmenrichtlinien, Ausbildungsverordnungen, Prüfungsordnungen) von Bund und Ländern realisiert werden. Er wird bei dieser Arbeit vom Bundesinstitut für Berufsbildungsforschung unterstützt.

Der Bundesausschuß beschließt Richtlinien für die Eignung der Ausbildungsbetriebe und einen bundeseinheitlichen Daten- und Statistikkatalog, um eine stärkere Kontrolle und bessere Durchschaubarkeit zu gewährleisten.

B. Landesebene

Der Landesausschuß für berufliche Bildung berät die Landesregierung bei der Durchführung der beruflichen Bildung auf Landesebene; die Landesregierung ist verpflichtet, in wichtigen Fragen der beruflichen Bildung die Meinung des Landesausschusses einzuholen. Die Rahmenlehrpläne für das berufsbildende Schulwesen werden vom Kultusminister im Benehmen mit dem Landesausschuß für Berufsbildung erlassen. Der Landesausschuß hat insbesondere im Interesse einer einheitlichen beruflichen Bildung auf eine Zusammenarbeit zwischen der schulischen und außerschulischen Berufsbildung sowie auf eine Berücksichtigung der beruflichen Bildung bei der Neuordnung und Weiterentwicklung des Schulwesens hinzuwirken.

Der Landesausschuß für Berufsbildung setzt sich zu gleichen Teilen aus Vertretern der Arbeitgeber, der Arbeitnehmer und der Lehrer an berufsbildenden Schulen zusammen. Die Mitglieder werden von der Landesregierung auf Vorschlag der Arbeitgeberorganisationen, der Arbeitnehmerorganisationen und der Verbände der Lehrer an berufsbildenden Schulen berufen.

C. Regionale Ebene

Auf der regionalen Ebene wirken staatliche Aufsichtsbehörde, Bezirksausschuß für berufliche Bildung und Kammern bei der Durchführung der beruflichen Bildung zusammen.

1. Die Kammern sind im Rahmen der folgenden Regelungen zuständige Stelle für die Durchführung der außerschulischen beruflichen Bildung.

2. Der Bezirksausschuß für berufliche Bildung setzt sich zu gleichen Teilen gleichberechtigt aus Vertretern der Arbeitgeber, der Arbeitnehmer und der Lehrer an berufsbildenden Schulen zusammen. Seine Mitglieder werden von der Landesregierung auf Vorschlag der Arbeitgeber- und Arbeitnehmerorganisationen sowie der Verbände der Lehrer an berufsbildenden Schulen berufen. Eine angemessene Vertretung der Auszubildenden muß gewährleistet werden. Der Bezirksausschuß ist für die

Koordinierung der Ausbildung in Betrieb und Schule zuständig.

3. *Die Kontrolle der außerschulischen beruflichen Bildung, insbesondere der Eignung der Ausbildungsbetriebe und der Einhaltung der Qualitätsanforderungen, erfolgt durch staatliche Aufsicht. Die zuständige Behörde ist dem Ausschuß berichts- und auskunftspflichtig.*

4. Die Akkreditierung der Ausbildungsbetriebe wird von den Kammern nach bundeseinheitlichen Richtlinien vorgenommen.

5. Die Mitglieder der Prüfungsausschüsse werden von der zuständigen staatlichen Behörde — im betrieblichen Bereich auf Vorschlag der Kammern — berufen. Die Durchführung der Prüfungen nach bundeseinheitlichen Richtlinien wird den Kammern übertragen.

6. In Bundesländern, die nicht in Regierungsbezirke gegliedert sind, gelten die entsprechenden Bestimmungen unter Fortfall der Bezirksausschüsse sinngemäß.

V. Finanzierung der außerschulischen beruflichen Bildung

Die jetzige Form der Finanzierung der außerschulischen Berufsbildung durch die ausbildenden Betriebe führt zu Ungerechtigkeiten und Strukturverzerrungen. Sie ist durch ein Finanzierungsverfahren zu ersetzen, das die Verbesserung der Ausbildung durch eine gerechte Verteilung der Ausbildungslasten unter Berücksichtigung des Prinzips der Selbstverwaltung gewährleistet. Es soll branchengegliedert und geeignet sein, regionale Besonderheiten zu berücksichtigen. *Es soll der zunehmenden Konzentration der Ausbildungsmöglichkeiten in den Ballungsräumen zugunsten der ländlichen Gebiete entgegenwirken.*

5. Programm der F.D.P.

a) Berufliche Bildung im Baukastensystem, vom Bundesvorstand der F.D.P. im Oktober 1973 beschlossen

1. Zum derzeitigen System der Berufsbildung

Berufsbildung findet in der Bundesrepublik überwiegend im dualen System von betrieblicher Ausbildung und Teilzeit-Berufsschule statt. Die Qualität dieser Ausbildung ist sehr unterschiedlich und vielfach unbefriedigend:

— In manchen *Betrieben* sind die Bemühungen um die Jugendlichen erheblich, in anderen ist die Ausbildung ungenügend, und die Auszubildenden werden mit ausbildungsfremden Tätigkeiten befaßt.

— Im *schulischen Teil* ist der Unterricht ebenfalls unbefriedigend. Die erforderliche Anzahl von Unterrichtsstunden wird nicht eingehalten, da bereits heute ca. 5.000 Lehrer fehlen.

— Neben der Ausbildung im Betrieb und in der Schule haben sich *Ausbildungswerkstätten* als besondere Form in der Vergangenheit durchgesetzt. Vor allem bei der Ausbildung in kleineren Betrieben gibt es solche Einrichtungen bisher nicht in ausreichender Zahl.

Neben diesen Mängeln der Ausbildungsqualität wirft das duale System strukturelle Probleme innerhalb des Bildungswesens insgesamt auf: Die Berufsausbildung ist vom übrigen Bildungssystem weitgehend *isoliert*, die *Durchlässigkeit* von und zu anderen Bildungsgängen ist gering, und die Kontrolle und die *öffentliche Verantwortung* für diesen Bereich werden als unzureichend eingeschätzt.

Schließlich besteht Übereinstimmung darüber, daß die *Zahl der* — heute etwa 500 — *Ausbildungsberufe* zu groß ist und daß die Ausbildungsordnungen für diese Berufe vielfach veraltet sind. Zusätzlich bestehen immer *Abstimmungsschwierigkeiten* der Ausbildungspläne und -inhalte der Schulen und der Betriebe.

Neben der Berufsausbildung entwickelt sich heute der Bereich der *Weiterbildung* rasch. Die umfangreichen Weiterbildungsbemühungen der verschiedensten Träger sind jedoch bisher kaum überschaubar, Bemühungen um Rahmenregelungen haben erst in den letzten Jahren begonnen.

Es ist deshalb an der Zeit, den Bereich der Beruflichen Bildung grundsätzlich neu zu ordnen.

2. Ziele und Grundsätze

Die Ziele der Berufsbildung sind heute umfassender als früher:

— Berufliche Bildung soll die Jugendlichen auf das Erwerbsleben, das heißt auf die *Anforderungen im Beruf* vorbereiten.

  Die Arbeitsanforderungen verändern sich heute rasch, und neue Kenntnisse werden nötig.

— Sie soll *Staatsbürger in unserer Gesellschaft* heranbilden. In einem demokratischen Staat soll der mündige Bürger aber zugleich die Fähigkeit zur kritischen Distanz besitzen. Dies gilt auch für das Verhalten im Beruf und am Arbeitsplatz.

— Sie soll allen Jugendlichen die *gleichen Chancen* geben, ihre Fähigkeiten und Interessen zu entwickeln und sich Kenntnisse anzueignen.

  Wir wissen aber heute, daß diese Chancen schon durch die soziale Herkunft und die frühkindliche Erziehung sehr unterschiedlich vorgeprägt werden.

Ein Berufsbildungssystem, das den heutigen Anforderungen gerecht wird, muß mindestens folgende Bedingungen erfüllen:

— Es muß sich an den gleichen allgemeinen Maßstäben orientieren wie das übrige Bildungssystem.

— Es muß breiter ausbilden und mehr theoretische Kenntnisse vermitteln.

— Es muß die Jugendlichen motivieren und es ihnen ermöglichen, später weiterzulernen.

— Es muß den Übergang zu anderen Ausbildungswegen und Abschlüssen offenhalten.

3. *Berufliche Ausbildung*

3.1 Berufsgrundbildung

Das Berufsgrundbildungsjahr ist Teil der Berufsausbildung. Für alle Jugendlichen ist eine berufliche Grundbildung in einem Berufsfeld durchzuführen. Es ist eine begrenzte Zahl von Berufsfeldern zu schaffen; dabei kann von den bisher vorgesehenen Berufsfeldern auf Bundesebene ausgegangen werden. Die Berufsgrundbildung dauert in der Regel ein Jahr. Das Berufsgrundbildungsjahr kann in Schulen, in Unternehmen und in anderen Einrichtungen durchgeführt werden, wenn garantiert ist, daß einheitliche Anforderungen an das Curriculum erfüllt werden. Das Berufsgrundbildungsjahr ist organisatorisch und inhaltlich Teil der Ausbildung in der Sekundarstufe II des Bildungssystems; es schließt an die vorangehende Berufsorientierung innerhalb der Sekundarstufe I an.

Die Einführung des Berufsgrundbildungsjahres hat Priorität vor der Einführung eines 10. allgemeinbildenden Schuljahres. Die Abschlüsse sollen gleichwertig sein. Die Integration der allgemeinbildenden und berufsbildenden Schulen soll baldmöglichst verwirklicht werden. Bei künftigen Bauplanungen ist dieses Ziel bereits durch räumliche Nähe sicherzustellen.

3.2 Weitere Ausbildung nach dem Baukastensystem

Die Fortsetzung der Berufsausbildung nach dem Abschluß des Berufsgrundbildungsjahrs und die Weiterbildung werden als „Baukasten-System" in Kursen durchgeführt.

Das Baukasten-System besteht aus einem vielfältigen Angebot aus schulischen, betriebspraktischen und überbetrieblichen Kursen, die auch in Blöcken oder Lehrgängen von unterschiedlicher Dauer absolviert werden können.

Die einzelnen Kurse, Praktika oder Lehrgänge können aufeinander aufbauen, sich ergänzen oder unabhängig voneinander bestehen.

Der einzelne Jugendliche kann grundsätzlich frei zwischen den ihm angebotenen Lehreinheiten wählen. Dabei ist zu sichern, daß die einzelnen Einheiten im Rahmen des angestrebten Berufszieles sinnvoll aufeinander abgestimmt sind. Neben einer umfassenden Information und Beratung sind deshalb bestimmte Vorgaben notwendig.

- Mindestens die Hälte der Einheiten sollte dem gewählten Berufsfeld zugeordnet sein.
- In jedem Bereich gibt es bestimmte Kernveranstaltungen, die auf jeden Fall zu absolvieren sind.
- Jeder Jugendliche sollte daneben eine Mindestzahl an Kursen mit allgemeineren, politischen, betriebskundlichen oder arbeitsrechtlichen Inhalten wählen.

Nach Abschluß der Erstausbildung sollte die Qualifikation mindestens dem Facharbeiterabschluß gleichkommen.

Mit diesen Grundanforderungen kann ein sinnvoller Aufbau des Ausbildungsganges gesichert werden, wobei die Wahlfreiheit erhalten bleibt.

3.3 Abschlüsse

Es gibt heute weit über 1.000 unterschiedliche berufliche Tätigkeiten. Berufliche Bildung muß deshalb auch spezialisieren, kann aber unmöglich einer solchen Vielzahl von beruflichen Tätigkeitsmerkmalen folgen.

Schon die Zahl von etwa 450 Ausbildungsberufen in der Bundesrepublik wird heftig kritisiert. Hier wird oft berufliche Immobilität produziert.

Die Ausbildungsvorschriften in den einzelnen Berufen lassen sich — bei dem raschen Wandel im Beschäftigungssystem — kaum angemessen aktualisieren. Das ganze System ist für den Jugendlichen, der vor seiner Berufswahl steht, nicht zu durchschauen. So ist in Reformvorschlägen, die im bisherigen System bleiben, mit Recht immer eine Verringerung der Zahl der Ausbildungsberufe gefordert worden. Dies würde aber zugleich zu einer Abnahme der Berufsreife führen.

Im Baukasten-System ist berufliche Bildung nicht mehr auf spezielle Ausbildungsberufe ausgerichtet. Sie orientiert sich am Berufsfeld. Einzelne Kurse bereiten dabei zugleich auf eine oder mehrere spezielle Berufstätigkeiten vor. So erfolgt eine „berufsfeldimmanente Spezialisierung“, die im bisherigen System nicht möglich ist.

Ein Abschlußzertifikat kann nach dem Durchlaufen einer bestimmten Zahl von Lerneinheiten erteilt werden; dabei können auch Stufen festgelegt werden. Ein solches Zeugnis beschreibt dann, was der einzelne tatsächlich gelernt hat und kann.

4. Integrierte Weiterbildung

In das Baukasten-System wird auch der Bereich der Weiterbildung integriert. Es wird eine nahtlose Verbindung zwischen beruflicher Erstausbildung und Weiterbildung geschaffen.

Das Weiterbildungsangebot wird in dem Veranstaltungsverzeichnis der Baukasten-Ausbildung mit aufgeführt. Es können Veranstaltungen besucht werden, die auch für die Erstausbildung bestehen. Daneben werden speziell für die Weiterbildung zugeschnittene Kurse angeboten. Solche Veranstaltungen werden für besondere Zielsetzungen der Weiterbildung, aber auch aus didaktischen Gründen eingerichtet.

Für den Bereich der Weiterbildung bestehen grundsätzlich keine Beschränkungen der Wahlfreiheit. Durch den Besuch entsprechender Kurse kann der gleiche Abschluß wie bei der Erstausbildung erreicht werden.

Der Bildungsurlaub kann in dieses System eingebaut werden.

Das „Baukasten-System“ erleichtert damit auch die laufende Anpassung an die technische und ökonomische Entwicklung. Veraltete Kenntnisse und Fertigkeiten können durch neue Kurse ersetzt werden; die Anpassungsfortbildung und die Umschulung werden so in das Baukastensystem integriert. (Kurse über die Technik des Farbfernsehens und der Transistortechnik für Elektrotechniker sind aktuelle Beispiele dafür). Die zeitraubende vollständige Umschulung in einen anderen Beruf ist zugleich im Normalfall dann nicht mehr nötig. Die „Aufstiegsfortbildung" kann daneben durch zusätzliche Kurse und Abschlüsse in das System eingebracht werden.

5. Information und Beratung

Berufliche Bildung nach dem Baukastenprinzip bietet dem einzelnen eine Vielzahl von Möglichkeiten und Chancen. Um diese zu nutzen, ist ein umfassendes Informations- und Beratungssystem nötig. Damit wird es möglich, den Ausbildungsgang frei zu wählen und informiert zu planen und die Manipulation durch fremde Interessen zu verringern.

5.1 Veranstaltungsverzeichnisse

Im „Baukasten-System" wird ein Verzeichnis herausgegeben, das mindestens jährlich erscheint. Hier werden alle anerkannten Veranstaltungen aufgeführt.

Das Veranstaltungsverzeichnis wird jeweils für einzelne Regionen erstellt, die für die Auszubildenden erreichbar sind. Es entspricht dem Vorlesungsverzeichnis einer wissenschaftlichen Hochschule.

Diese Veröffentlichung enthält zunächst alle Informationen, die den direkten Zugang zu den einzelnen Veranstaltungen ermöglichen. Dabei sind mindestens Inhalt, Ort, Zeit, Referent, Voraussetzungen und Träger eines jeden Kurses anzugeben.

In einem zweiten Teil werden Informationen über regional nicht vertretene Kurse und die Möglichkeiten für ihren Besuch gegeben.

Im dritten Teil enthält es Hinweise und Muster für die Gestaltung von Ausbildungsgängen.

Eine Grundlage für dieses Informationssystem sind die schon bestehenden Veranstaltungsverzeichnisse verschiedener Trägerorganisationen, z. B. von Volkshochschulen, Kammern, Innungen oder der Berufsbildungspass des Handwerks. Das Gesamtverzeichnis wird also zugleich die heutige Unübersichtlichkeit der Veranstaltungen in der überbetrieblichen Unterweisung und der Fortbildungskurse abbauen.

5.2 Ausbildungsberatung

Die intensive Bildungsberatung ist eine weitere zentrale Aufgabe der Berufsbildung im Baukasten-System.

Bildungsberatung soll dem Auszubildenden die Entscheidungsfreiheit der Bildungs- und Berufswahl lassen. So sind die Informationen und die Verhaltensweisen zu übermitteln, die eine individuelle Wahl möglich und sinnvoll machen.

Das heißt aber, daß Beratung in diesem Sinne nicht einmalig erfolgen kann, sondern sie ist ein den Gang der beruflichen Erstausbildung und Weiterbildung begleitender Prozeß. In der flexiblen Baukasten-Ausbildung müssen die Bildungsberater pädagogische Hilfe bei der weitgehend freien Gestaltung des Ausbildungsganges leisten. Dies ist auch eine Übung für die spätere Aufgabe der Lebensgestaltung überhaupt, die auf die Auszubildenden zukommt.

Diese Beratung erfordert besonders vorgebildete Personen in ausreichender Zahl, die dem Auszubildenden regelmäßig zur Verfügung stehen.

Es ist ein Ausbildungsgang an den Hochschulen erforderlich, in dem die Qualitäten für solche Aufgaben vermittelt werden.

Hierzu ist auch die Neu- und Weiterentwicklung einer Wissenschaft, das heißt, einer Theorie und einer Lehre von Beratung nötig.

Organisatorisch sind für die verschiedenen schon vorhandenen Berater bei den Arbeitsämtern, den Kammern und den Schulen bei einer Institution zusammenzufassen. Sie sind zahlenmäßig zu verstärken und es ist eine einheitlich hohe Qualifikation schierzustellen. Um die *Unabhängigkeit der Berater* zu sichern, müssen sie insbesondere auch von anderen Aufgaben (insbesondere von der Vermittlung von Ausbildungsstellen bei den Arbeitsämtern) freigestellt werden.

6. Träger und Formen von Kursen

Träger für anerkannte Veranstaltungen können bei Vorliegen der Voraussetzungen sein:

6.1 Betriebe

In den einzelnen Betrieben wird vor allem systematische berufspraktische Ausbildung in Blockform durchgeführt. Diese Praxiserfahrung kann während einer Ausbildung auch in mehreren Betrieben gesammelt werden. Dabei können kleinere und spezialisierte Betriebe, die im bisherigen System die Ausbildungsanforderungen nicht erfüllen, dann durchaus besonders geeignet dafür sein, einzelne Kurse durchzuführen. Zugleich wird es hierdurch auch möglich, unterschiedliche soziale, ökonomische und technische Strukturen innerhalb der Ausbildung kennenzulernen.

6.2 Schulen

In öffentlichen Schulen und privaten Ersatzschulen wird insbesondere *theoretischer Unterricht* sowie die allgemeine und staatsbürgerliche Bildung vermittelt. Der derzeit in vielen Berufsschulen durchgeführte Blockunterricht wird zu anerkannten Kursen ausgebaut.

6.3 Ausbildungswerkstätten

In Ausbildungswerkstätten werden *Lehrgänge* durchgeführt. Als Träger kommen hierfür in Frage:

— staatliche Stellen; vor allem einzelne Kommunen (z. B. in Verbindung mit den unter 6.2 erwähnten Schulen)
— nachgeordnete Behörden des Staates, wie z. B. die Bundesanstalt für Arbeit
— öffentlich-rechtliche Körperschaften, wie z. B. die Kammern
— Verbände und Gewerkschaften
— private Vereine
und
— einzelne Betriebe und Unternehmen.

Ausbildungswerkstätten und Berufsbildungszentren (Schule einschließlich Ausbildungswerkstätten), die sich in der Vergangenheit entwickelt und bewährt haben, sollen erhalten und ausgebaut werden. Die Förderung von Einrichtungen setzt voraus,

— daß der Zugang offen ist,
— daß Gemeinnützigkeit vorliegt,

— daß die Möglichkeit einer Mitbestimmung durch Vertreter der Sozialpartner, des Staates und der Betroffenen besteht und
— daß die qualitativen Voraussetzungen überprüft worden sind.

7. Verfahren der Anerkennung von Ausbildungsstätten und Ausbildern

Veranstalter, die Kurse innerhalb des Baukastensystems durchführen wollen, werden auf Antrag nach einem einheitlichen Verfahren anerkannt.

Im Anerkennungsverfahren werden überprüft:
— der Lehr- oder Ausbildungsplan
— die personellen, technischen und organisatorischen Voraussetzungen des Veranstalters
— zusätzliche Anforderungen, die z. B, freien Zugang, Mitbestimmungsrechte o. ä. enthalten können.

Anerkannte Veranstalter werden mit den nötigen Informationen im Verzeichnis der Veranstaltungen aufgeführt. Die Anerkennung ist gleichzeitig Voraussetzung für eine evtl. finanzielle Förderung der Veranstalter. Es besteht ein Rechtsanspruch auf Anerkennung beim Vorliegen der Voraussetzungen.

8. Kontrolle der Ausbildungsstätten und Ausbilder

Die unter Punkt 7 aufgeführten Anerkennungskriterien werden regelmäßig überprüft; im Falle der Nichteinhaltung wird die Anerkennung entzogen.

9. Zuständigkeiten und Verwaltung

Die berufliche Bildung im Baukasten-System ist Teil des Bildungssystems und insofern eine öffentliche Aufgabe.

Organisationsprobleme, die kurzfristig nicht lösbar sind, ergeben sich daraus, daß die Kompetenzen für die schulische Bildung bei den Ländern, für die außerschulische Berufsbildung dagegen im wesentlichen beim Bund liegen.

9.1 Kurzfristige Regelung

Kurzfristig ist deshalb folgende Verteilung der Zuständigkeiten zu schaffen:

— Die Grundsatz- und Koordinierungskompetenz des Bundesministers für Bildung und Wissenschaft innerhalb der Bundesregierung wird verankert.

— In den Berufsbildungsausschüssen ist den Berufsschullehrern ein stärkerer Einfluß zu sichern.
Die Berufsbildungsausschüsse sind verantwortlich für die Anerkennung und Kontrolle der Veranstaltungen im Baukastensystem. Die Richtlinien für die Anerkennung werden vom Bundesminister für Bildung und Wissenschaft erlassen. Die Ausschüsse wirken zugleich darauf hin, daß ein ausreichendes Angebot an Kursen für das Baukastensystem besteht. Sie schließen hierzu Verträge mit den Veranstaltern ab.
Die Berufsbildungsausschüsse arbeiten auf regionaler Ebene zusammen.

— Der Ausbildungsvertrag wird spätestens nach dem Berufsgrundbildungsjahr abgeschlossen. Kann der Betrieb nicht das für das Berufsziel erforderliche Veranstaltungsangebot machen, so ist bereits vertraglich die erforderliche Freistellung für diese Veranstaltungen außerhalb sicherzustellen. Dies gilt auch für die berufspraktische Ausbildung, die dieser Betrieb nicht durchführen kann. Zur leichteren Verfolgung der gesamten Ausbildung ist das Instrument des Berufsbildungspasses, wie er z. T. bereits existiert, auszubauen.

— Betriebe oder andere Träger, die in der Lage sind, die Verantwortung für eine vollständige Ausbildung zu übernehmen, erhalten im Anerkennungsverfahren das Recht zum Abschluß von Ausbildungsverträgen über den gesamten Ausbildungsgang. Sie übernehmen dann auch die Gesamtverantwortung dafür.

— Der Berufsschulunterricht wird als Blockunterricht organisiert. Der Besuch des Blockunterrichts gilt als Veranstaltung innerhalb des Baukastensystems.

— Die derzeit bestehenden Vereinbarungen von Bund und Ländern zur Abstimmung der Inhalte des schulischen und des außerschulischen Teils der Berufsbildung werden entsprechend abgeändert.

9.2 Langfristige Lösung

Langfristig fordert die F.D.P. die Übertragung der Zuständigkeiten für die gesamte berufliche Bildung auf den Bund. Hierzu ist eine Änderung der Verfassung erforderlich. In dieser Perspektive wird eine andere Verteilung der Kompetenzen angestrebt:

— Die oberste Zuständigkeit liegt in Bund und Ländern beim Bundesminister für Bildung und Wissenschaft unter Mitwirkung der Fachminister.

— Die Fachaufsicht auf Landesebene liegt bei den Kultusministern der Länder.

10. Finanzierung

Der Deutsche Bundestag hat am 14. 10. 1970 beschlossen, eine Sachverständigenkommission Kosten und Finanzierung der beruflichen Bildung einzusetzen, deren Bericht Ende 1973 zu erwarten ist.

Dieser Punkt „Finanzierung“ wird nach der Auswertung des Kommissionsberichts ergänzt.

11. Zeitliche Perspektiven

Vordringliche Maßnahmen zur Einführung der Berufsbildung im Baukastensystem sind:

— die entsprechenden Berufsfelder festzulegen

— eine ausreichende Zahl von anerkannten Kursen zu schaffen, wobei bestehende Ausbildungsprozesse umzugestalten sind

— das Verzeichnis sämtlicher anerkannter Veranstaltungen für alle Regionen zu veröffentlichen.

Weitere zeitliche Perspektiven sind abhängig von der Finanzierung und werden entsprechend Punkt 10 zurückgestellt.

b) Beschluß zur beruflichen Bildung auf dem 24. ordentlichen Parteitag der F.D.P. vom 12.—14. November 1973 in Wiesbaden

Die F.D.P. hält die Reform der beruflichen Bildung für die zentrale Aufgabe der Bildungspolitik in der gegenwärtigen Legislaturperiode, um die Chancengleichheit zwischen dem allgemeinen und beruflichen Bildungsangebot einzuleiten. Dies umso mehr, als die berufliche Bildung besondere gesellschaftspolitische Bedeutung hat. Ausgangspunkt für die F.D.P. ist dabei die Verbesserung der Bildungssituation und damit der Lebenschancen von 1,3 Millionen Auszubildenden. Die F.D.P. begrüßt den Vorschlag der vom Bundesvorstand eingesetzten Kommission für Berufsbildung, der ein vom Bundesvorstand in der Tendenz gebilligtes Konzept der Ausbildung nach dem Baukastensystem enthält. Der Bundesparteitag bekräftigt im übrigen die grundsätzlichen Aussagen in den Stuttgarter Leitlinien einer liberalen Bildungspolitik, die auch bei der Reform der beruflichen Bildung liberale Leitlinien sind und fordert die Bundestagsfraktion auf, dies in Verhandlungen mit der SPD durchzusetzen. Die dort beschriebene Zusammenführung von beruflicher und ‚allgemeiner' Bildung ist insbesondere nur möglich, wenn auch bei den staatlichen Instanzen eine einheitliche Zuständigkeit für den Bildungsbereich einschließlich der beruflichen Bildung gegeben ist. Erst dann kann auch die Zusammenarbeit zwischen Ausbildungsbetrieb und Berufsschule im Interesse der Auszubildenden aufeinander abgestimmt und damit entscheidend verbessert werden. Dies gilt für Bund und Länder gleichermaßen.

Der Bundesparteitag stellt mit Befriedigung fest, daß die Bundesregierung durch die Übertragung der Grundsatz- und Koordinierungskompetenz in der beruflichen Bildung auf das Wissenschaftsministerium einen entscheidenden Schritt zur Vereinheitlichung der Berufspolitik getan hat. Damit werden auch die Möglichkeiten einer erfolgreichen Kooperation mit den Ländern und einer Koordinierung der bundes- und landesrechtlichen Regelungen verstärkt. Im einzelnen bedeutet dies für die Neufassung des Berufsbildungsgesetzes:

1. Das Wissenschaftsministerium hat die federführende Zuständigkeit für alle innerhalb der Bundesregierung zu erfüllenden Grundsatz- und Koordinierungsaufgaben der beruflichen Bildung.
2. Die Ausbildungsordnungen, Anrechnungs- und Gleichheitsverordnungen sowie die Verordnungen über die fachliche Eignung der Ausbilder werden von dem Wissenschaftsminister im Einvernehmen mit dem Fachminister erlassen.
3. Alle übrigen Rechtsverordnungen werden vom Wissenschaftsministerium erlassen, und zwar die Fortbildungs- und Umschulungsverordnungen sowie die Verordnungen über die Berufs- und Arbeitspädagogische Eignung der Ausbilder im Einvernehmen mit dem jeweils zuständigen Fachminister, die übrigen nach den Regeln der gemeinsamen Geschäftsordnung.

6. Bund-Länder-Kommission für Bildungsplanung Bildungsgesamtplan, verabschiedet am 15. Juni 1973

(Auszug)

Sekundarbereich II

Der Sekundarbereich II umfaßt alle Bildungsgänge, die auf dem Sekundarbereich I unmittelbar aufbauen:

— Berufsqualifizierende Bildungsgänge
— Studienbezogene Bildungsgänge
— Bildungsgänge, die mit einer beruflichen Qualifikation oder Ausrichtung auch Bildungsgänge im Tertiären Bereich eröffnen
— Berufsbefähigende Bildungsgänge[10].

[10] Sonderformen eines Berufsgrundbildungsjahres für Jugendliche, die gegenwärtig ohne qualifizierenden Abschluß der Haupt- oder Sonderschule direkt in das Erwerbsleben eintreten. Auch für diese Jugendlichen sollte eine berufliche Erstausbildung mit einer Abschlußprüfung enden oder, wenn dies nicht möglich ist, der Er-

Diese Kategorien bezeichnen curriculare Schwerpunkte, die in wachsendem Maße unabhängig von bestimmten Schulformen sein werden.

Die neue Struktur der Bildungsgänge im Sekundarbereich II erfordert eine Neuordnung der Abschlüsse und der mit ihnen gegebenen Qualifikationen. Jeder Abschluß wird in seinem „Profil" Art, Inhalt und Umfang des erfolgreich durchlaufenen individuellen Bildungsganges widerspiegeln. Er wird damit in viel differenzierter Form als bisher die Kriterien für berufliche Möglichkeiten und Studienvoraussetzungen geben können. Je nach Art und Umfang des individuellen Bildungsganges beträgt die Verweildauer im Sekundarbereich II in der Regel zwei bis drei Jahre.

Der so gestaltete Sekundarabschluß II schließt die berufsqualifizierenden Abschlüsse, die allgemeine Hochschulreife, die fachgebundene Hochschulreife sowie die Fachhochschulreife ein.

Die Kriterien, nach denen

— der Zugang zum Beruf geregelt wird, sollen in Zusammenarbeit von Schule, den mit der Berufsbildung befaßten Organisationen in Wirtschaft und Verwaltung und wissenschaftlichen Institutionen erarbeitet werden
— der Zugang zu höher qualifizierenden Ausbildungsstätten im Tertiären Bereich außerhalb der Gesamthochschule geregelt wird, sollen in Zusammenarbeit zwischen diesen Ausbildungsstätten sowie den Organisationen in Wirtschaft und Verwaltung erarbeitet werden
— der Zugang zur Hochschule geregelt wird, sollen in Zusammenarbeit von Schule und Hochschule erarbeitet werden.

Die jeweiligen Regelungen müssen einerseits der Entwicklung angepaßt werden, andererseits eine bestimmte Verläßlichkeit für die Gestaltung der einzelnen Bildungsgänge geben.

werb eines Leistungsnachweises vorgesehen werden. Der Entwicklung dieses Problems soll besondere Aufmerksamkeit gewidmet werden.

Durch diese Ordnung des Sekundarbereichs II wird die Voraussetzung dafür geschaffen, daß in beruflichen Bildungsgängen ein hohes Leistungsniveau erworben und nachgewiesen werden kann, das in bestimmten Fächern oder Fächergruppen je nach Inhalt und Leistungsgrad neben einer beruflichen Qualifikation auch einen Zugang zum Studium eröffnet oder durch entsprechende aufbauende und ergänzende Kurse hierzu ausgebaut werden kann. Ebenso ist damit die Voraussetzung zu einer Differenzierung in den Abschlüssen studienbezogener Bildungsgänge gegeben.

Die Schule ist für die Verleihung der Studienberechtigung zuständig.

Der erfolgreiche Abschluß eines studienbezogenen Bildungsganges, der zur allgemeinen Hochschulberechtigung führt, verleiht die Berechtigung zum Studium in allen Studiengängen im Hochschulbereich.

In den übrigen Bildungsgängen muß für die Berechtigung zum Studium an der Hochschule ein für das Studium erforderlicher Schwerpunkt und Leistungsgrad des Sekundarbereichs II vorliegen; dort kann die erworbene Studienberechtigung bei entsprechend erweiterter Qualifikation ebenfalls zur allgemeinen Hochschulberechtigung führen.

In Fächern mit Zulassungsbeschränkungen müssen für die betroffenen Fächer von allen Studienbewerbern besondere Voraussetzungen erfüllt werden.

Die Veränderungen des bestehenden Systems auf die zukünftige Struktur des Sekundarbereichs II hin dürfen nur allmählich und ohne Benachteiligung der betroffenen Jahrgänge erfolgen. Sie sind in der Tendenz bereits in der wachsenden Differenzierung der gymnasialen Oberstufe, in der Einrichtung der Fachoberschule und in einem Ausbau der beruflichen Vollzeitschulen angelegt. Ein weiterer Schritt ist mit der Vereinbarung der Kultusministerkonferenz zur Neugestaltung der gymnasialen Oberstufe in der Sekundarstufe II getan worden.

Ziele:

Grundlegende Reform der Inhalte, Arbeitsweisen und Organisationsformen nach folgenden Prinzipien:

Stärkere curriculare Differenzierung und Möglichkeit der individuellen Schwerpunktbildung in allen Bildungsgängen.

Herstellung der Gleichwertigkeit von beruflicher und allgemeiner Bildung als vordringliche bildungspolitische Aufgabe im Sekundarbereich II, wobei das berufliche Schulwesen neu zu ordnen und auszubauen und die gymnasiale Oberstufe in der geplanten und differenzierenden Form neu zu entwickeln ist.

Curriculare Abstimmung und Verzahnung[11] von Bildungsgängen im derzeitigen allgemeinen und beruflichen Bildungswesen.

Verstärkung und Differenzierung der theoretischen Elemente in berufsqualifizierenden Bildungsgängen, besonders bei der Ausbildung im dualen System, unter Beibehaltung der Praxisnähe und der Effizienz bei dem Einsatz technischer, organisatorischer und personeller Mittel.

Gleichstellung von gleichwertigen Bildungsinhalten, die gegenwärtig im allgemeinen und beruflichen Bildungswesen getrennt bewertet werden und zu unterschiedlichen Berechtigungen führen.

Angebot angemessener Bildungsgänge für Jugendliche ohne Schulabschluß.

Maßnahmen:

(1) Festlegung der inhaltlichen Richtung für die weiteren Bildungsgänge und Ausbildungsmöglichkeiten, die auf dem Abschluß des Sekundarbereichs I aufbauen. Ein Profil des Sekundarabschlusses I sollte den Schüler nicht ausschließlich auf einen bestimmten Bildungsgang im Sekundarbereich II festlegen.

(2) Angebot von Ergänzungskursen im Sekundarbereich II, die auch nachträglich ermöglichen, den Sekundarabschluß I sowie spezielle Voraussetzungen für Bildungsgänge im Sekundarbereich II zu erwerben.

(3) Verbesserung der Aussagefähigkeit der Abschlußzeugnisse und ihrer Vergleichbarkeit.

[11] Bayern: Curriculare Abstimmung von Bildungsgängen . . .

(4) Ausrichtung aller Bildungsgänge an den allgemeinen Zielen des Sekundarbereichs II. Verstärkter Ausbau der Bildungsgänge, die mit einer beruflichen Qualifikation oder Ausrichtung auch Bildungsgänge im Tertiären Bereich einschließlich der Hochschule eröffnen. Verbesserung der Möglichkeit der Fach- und Leistungsdifferenzierung durch Einrichtung größerer Schulsysteme.

(5) Regionale Planung bisher getrennter allgemeiner und beruflicher Schulformen im Hinblick auf bauliche Zusammenfassung in Schulzentren.

(6) Neue Strukturierung der Bildungsgänge durch Entwicklung von Curricula, die sowohl eine grundlegende Ausbildung für alle Schüler als auch eine individuelle Spezialisierung nach Fähigkeit und Neigung gewährleisten.

(7) Erprobung der Zusammenfassung der verschiedenen Bildungsgänge und Ausbildungsformen des Sekundarbereichs II in Modellversuchen. Eine Isolierung der Teilzeitberufsschule ist zu vermeiden.

(8) Bestimmung des Inhalts der beruflichen Bildungsgänge im dualen System zur Sicherung der curricularen Abstimmung von beruflichen und allgemeinen Bildungsinhalten im Rahmen der staatlichen Zuständigkeit.

(9) Verstärkung und Ausbau der öffentlichen Verantwortung für Ausbildung und Prüfung im Bereich der beruflichen Bildung einschließlich der Qualifikation der Ausbilder und der Ausbildungsstätten.

(10) Stufengliederung berufsqualifizierender Bildungsgänge in

— berufsfeldorientierte Grundbildung

— darauf aufbauende Fachbildung

unter Verringerung der Zahl der Ausbildungsberufe zur Vermeidung einer zu frühzeitigen Einengung auf spezielle Berufstätigkeiten. Dabei kommt dem Berufsgrundbildungsjahr als erster Stufe der Berufsausbildung eine besondere Bedeutung zu. Es ist als Vollzeitschuljahr und im dualen System in kooperativer Form zu entwickeln. Sofern für die Durchführung des Berufsgrundbildungsjahres betriebliche Einrichtungen herangezogen werden, muß gewährleistet sein, daß die fachpraktische Ausbildung sachlich und zeitlich gegliedert nach den geltenden Curricula und nicht produktionsabhängig geleistet werden kann.

(11) Entwicklung von Curricula für berufsqualifizierende Bildungsgänge in Zusammenarbeit zwischen der Schule und allen mit der Berufsbildung befaßten Institutionen.

(12) Verstärkter Ausbau Überbetrieblicher Ausbildungsstätten für die berufliche Grund- und Fachbildung, besonders für Auszubildende in kleinen und mittleren Unternehmen. Dabei ist regional eine Verbindung mit den beruflichen Schulen und Schulzentren herzustellen.

(13) Einrichtung besonderer Formen des Berufsgrundbildungsjahres mit fördernden Curricula für Jugendliche ohne qualifizierten Abschluß des Sekundarbereichs I zum

— nachträglichen Eintritt in einen berufsqualifizierenden Bildungsgang oder

— zum Erwerb besserer Voraussetzungen für die Aufnahme einer Erwerbstätigkeit.

(14) Ausbau und Reform der beruflichen Vollzeitschulen im Sekundarbereich II. Dabei muß für diese Schulformen

— eine ausreichende Übersichtlichkeit geschaffen

— ein regional hinreichendes Angebot beruflich orientierter oder berufsqualifizierender Bildungsgänge gesichert und

— die Verbindung allgemeiner und beruflicher Bildungsinhalte und -ziele gefördert werden.

Berufliche Vollzeitschulen im Sekundarbereich II sollen unter einheitlichen Bezeichnungen geführt werden. Wo ein nicht berufsbildendes 10. Pflichtschuljahr im allgemeinbildenden Schulwesen eingeführt wird, setzen sie nicht vor dem 11. Schuljahr ein. Andernfalls können sie auch in Form des Berufsgrundbildungsjahres oder in mehrjähriger Form im Sekundarbereich I einsetzen.

Zeitplan, quantitative Auswirkungen:

zu (1), (2), (4), (6), (8), (10), (12), (13) Curricula: Entwicklung entsprechender Curricula bis 1976.

zu (1) und (4) Quantitative Auswirkungen:

(a) Es wird angenommen, daß sich die Schüler im Sekundarbereich II wie folgt auf die einzelnen Bildungsgänge verteilen:

	Schüler der Bildungsgänge im Sekundarbereich II[12] — in % der Gesamtschülerzahl[13] —			
	1970	1975	1980	1985
1) Berufsqualifizierende Bildungsgänge				
— duales System	63,1	59	55—53	50—48
— Vollzeitschulen	9,5	10	14	17—15
2) Studienbezogene Bildungsgänge	15,1	17	17—19	20—23
3) Bildungsgänge, die mit einer beruflichen Qualifikation oder Ausrichtung auch Bildungsgänge im Tertiären Bereich eröffnen	3,2	6	7—9	10—12
4) Berufsbefähigende Bildungsgänge[14]	9,1	8	7—5	3—2

[12] Wegen der unterschiedlichen Verweildauer im Sekundarbereich II lassen sich hier keine Anteile an einem Geburtsjahrgang entsprechend dem Strukturquotenverfahren (vgl. Bd. II, S. 2) angeben. Die hier genannten Anteile beziehen sich daher lediglich auf die Gesamtschülerzahl im Sekundarbereich II.

[13] In dieser Gesamtschülerzahl sind die Schüler in Fachschulen nicht enthalten (vgl. S. 33).

[14] Für die Rechnung wird angenommen, daß sich die Schüler in berufsbefähigenden Bildungsgängen 1970 und 1975 im Teilzeitunterricht befinden, 1980 zum Teil in Vollzeitschulen (51 000—41 000) und zum Teil im Teilzeitunterricht (122 000—92 000) sowie 1985 ausschließlich in Vollzeitschulen.

	Schüler der Bildungsgänge im Sekundarbereich II — in 1000 —			
	1970	1975	1980	1985
1) Berufsqualifizierende Bildungsgänge				
— duales System	1424	1510	1369—1339	1064—1028
— Vollzeitschulen	213	261	355	370—322
2) Studienbezogene Bildungsgänge	340	445	433—483	426—493
3) Bildungsgänge, die mit einer beruflichen Qualifikation oder Ausrichtung auch Bildungsgänge im Tertiären Bereich eröffnen	74	146	180—220	226—264
4) Berufsbefähigende Bildungsgänge	205	187	162—133	73—54
insgesamt	2256	2549	2499—2530	2159—2161

In diesen Schülerzahlen sind die Schüler in Fachschulen nicht enthalten. Für die Rechnung wird angenommen, daß die Zahl der Schüler in Fachschulen beträgt:

Fachschüler			
1970	1975	1980	1985
141 000	170 000	200 000	225 000

In den Kostenberechnungen werden diese absoluten Zahlen den Vollzeitschulen im Sekundarbereich II zugeordnet.

Für die Schüler-Lehrer-Relation ist mit folgenden Werten gerechnet worden:

	Schüler-Lehrer-Relation im Sekundarbereich II			
	1970	1975	1980	1985
Vollzeitschulen[16]	15,6	14	14	14—20
Teilzeitschulen[17]	57,4	52	44	40

(b) Für die einzelnen Bildungsgänge werden folgende Verweildauern angestrebt:

1. Berufsqualifizierende Bildungsgänge:
   — duales System: 2-3 Jahre
   — Vollzeitschulen: 2 Jahre
2. Studienbezogene Bildungsgänge: 2-3 Jahre[18]
3. Bildungsgänge, die mit einer beruflichen Qualifikation oder Ausrichtung auch Bildungsgänge im Tertiären Bereich eröffnen: 2-3 Jahre
4. Berufsbefähigende Bildungsgänge:
   In der Regel mindestens ein Vollzeitbildungsjahr.

(c) Für die Berechnung der Absolventenquoten sind die Jahrgänge der 17- bis 20jährigen zugrunde gelegt worden. Die Berechnung beruht auf denjenigen Anteilen der Altersjahrgänge,

[16] Die Relationen sind Bundesdurchschnittswerte und gelten für den gesamten Vollzeitschulanteil des Sekundarbereichs II.

[17] Da der Teilzeitunterricht mindestens ein Drittel des Vollzeitunterrichts betragen soll, entspricht z. B. ein Mittel aus den Relationen von 1980/85 von 42:1 für Teilzeitschulen der Relation von 14:1 für Vollzeitschulen.

[18] Nach der Vereinbarung der Kultusministerkonferenz vom 7. Juli 1972 zur Neugestaltung der gymnasialen Oberstufe in der Sekundarstufe II beträgt die Verweildauer mindestens zwei und höchstens vier Jahre.

die als Absolventen in Frage kommen und in Band II, Teil A detailliert nach Bildungsgängen des Sekundarbereichs II aufgeführt sind. Die angenommene Verteilung der Schüler des Sekundarbereichs II auf die einzelnen Bildungsgänge ergibt — bei Berücksichtigung der unterschiedlichen Verweildauern für diese Bildungsgänge — folgende

	Absolventenquoten — in % eines Altersjahrganges —			
	1970	1975	1980	1985
Studienbezogene Bildungsgänge	10,2	13	14—15	15—17
Bildungsgänge, die mit einer beruflichen Qualifikation oder Ausrichtung auch Bildungsgänge im Tertiären Bereich eröffnen	1,3	6	7—9	9—11

(d) Bis gesicherte Ergebnisse vorliegen, sollte für berufsqualifizierende Bildungsgänge — ohne damit eine institutionelle Zuordnung vorzunehmen — für das Verhältnis zwischen praktischer und theoretischer Ausbildung von folgenden Daten ausgegangen werden:

Grundbildung
praktische Ausbildung 30 %—50 %
theoretische Ausbildung 70 %—50 %

Fachbildung in Berufen mit mehr theoretischem Anteil
praktische Ausbildung 50 %
theoretische Ausbildung 50 %

Fachbildung in Berufen mit mehr praxisorientiertem Anteil
praktische Ausbildung 70 %—75 %
theoretische Ausbildung 30 %—25 %

zu (12) Überbetriebliche Ausbildungsstätten:

Bedarf an überbetrieblichen Ausbildungsplätzen im dualen System:

	Überbetriebliche Ausbildungsplätze			
	1970	1975	1980	1985
	20 000	50 000	150 000	210 000

6. Probleme der Sonderpädagogik

Das reformierte Bildungswesen wird vor allem im Elementarbereich Möglichkeiten der Kompensation individuell oder vom Milieu her bedingter Behinderungen bieten. Es soll durch ein flexibles und differenziertes Bildungsangebot auf allen Stufen den jeweiligen Lernvoraussetzungen soweit wie möglich entgegenkommen. Für die individuelle Förderung entwicklungsgestörter und behinderter Kinder werden sich damit bessere Bedingungen ergeben als heute.

Ziele:

Bei der Einrichtung des Sonderschulwesens ist eine möglichst enge Verzahnung mit dem allgemeinen Bildungswesen anzustreben. Art und Grad der Behinderung entscheiden über das Ausmaß der möglichen Integration und der notwendigen Differenzierung in pädagogischer und institutioneller Hinsicht. Insgesamt wird also die Sonderpädagogik nicht mehr auf das Sonderschulwesen begrenzt sein.

Entsprechende Veränderung der Organisationsform in Schule und Unterricht.

Konsequente individuelle Förderung.

Maßnahmen:

(1) Entwicklung von Materialien, Unterrichtsverfahren und Organisationsformen zur Förderung behinderter Schüler auch innerhalb des allgemeinen Bildungswesens.

(2) Ausbau der Bildungsforschung, der Bildungsberatung und der Unterrichtstechnologie im Bereich der Sonderpädagogik.

(3) Besondere Förderungsmaßnahmen zur Vermeidung von Ausleseprozessen im allgemeinen Bildungswesen.

(4) Ausbau von besonderen Einrichtungen für spezielle Behinderungsformen, insbesondere im Bereich der weiterführenden Bildungsgänge für körperlich Behinderte und im beruflichen Bildungswesen.

Zeit, quantitative Auswirkungen:

zu (1) bis (4) Sonderpädagogik:

Einrichtung von Schulversuchen zur Erprobung von Unterrichtsverfahren und Organisationsformen zur Förderung behinderter Schüler im allgemeinen und beruflichen Bildungswesen bis 1975.

Umstrukturierung der Sonderschulen für Lernbehinderte in dem Maße, wie die Ausgliederung von Schülern durch differenzierte Förderungsmaßnahmen vermieden werden kann.

Umschichtung der Personal- und Sachmittelansätze zugunsten des allgemeinen Schulwesens entsprechend der Verlagerung der Funktion von Sonderschulen auf das allgemeine Schulwesen.

Für die Schüler-Lehrer-Relation ist mit folgenden Werten gerechnet worden:

	Schüler-Lehrer-Relation in Sonderschulen[19]			
	1970	1975	1980	1985
	15,6	14	12	11

Ausbau der Plätze in überbetrieblichen Einrichtungen zur beruflichen Erstausbildung von jugendlichen Behinderten im Rah-

[19] Die angegebenen Schüler-Lehrer-Relationen beziehen sich auf lernbehinderte Schüler.

[20] Dabei sind vergleichbare Hochschulen für Kunst, Musik und Sport eingeschlossen.

men des zwischen Bund und Ländern koordinierten „Aktionsprogramms Rehabilitation“.

	Plätze für die berufliche Rehabilitation von jugendlichen Behinderten			
	1970	1975	1980	1985
	3000	6000	9000	12 000

Der personelle und finanzielle Bedarf ist in den allgemeinen Berechnungsansätzen des Sekundarbereichs II enthalten.

7. Deutscher Gewerkschaftsbund

Forderungen des Deutschen Gewerkschaftsbundes zur beruflichen Bildung, April 1972

Abschnitt I:

Bildungspolitische Grundsätze

Die Verwirklichung gleicher Bildungschancen und die Demokratisierung des Bildungswesens gehören zu den Grundforderungen des Deutschen Gewerkschaftsbundes. Bildungsgerechtigkeit ist ohne eine Reform der überholten Strukturen des Bildungswesens nicht zu erreichen. In einem demokratischen Bildungssystem müssen milieubedingte und traditionelle Benachteiligungen durch eine vorschulische Erziehung und die Förderung aller individuellen Begabungen und Fähigkeiten ausgeglichen werden. Dabei sind insbesondere die vorhandenen Sprachbarrieren von Arbeiterkindern zu beseitigen. Darüber hinaus darf die Bildungswirklichkeit nicht mehr durch eine überholte Festlegung auf geschlechterspezifische Rollen programmiert sein. Die immer noch vorhandene Benachteiligung der Mädchen durch eine Erziehung und Bildung, die sich in der sogenannten Mädchenbildung und damit in „Mädchenlehrfächern“ äußert, muß endlich aufhören.

Ein integriertes und differenziertes Gesamtbildungssystem muß sowohl die bisherige Aufteilung unseres dreigliedrigen Schulsystems im Sekundarbereich aufheben als auch die Trennung zwischen diesem und dem Tertiären Bereich überwinden. Eine in diesem Sinne konzipierte Gesamtschule muß alle Schulen von Vorschulen bis hin zu Fachschulen und Hochschulen umfassen. Insbesondere muß eine Integration von allgemeiner und beruflicher Bildung erfolgen, um die traditionelle Unterscheidung und Diskriminierung der beruflichen Bildung aufzuheben. Die Gesamtschule ist dabei der verantwortliche Träger aller beruflichen Bildungsmaßnahmen, unabhängig von einer möglichen Einbeziehung außerschulischer Lernorte.

Der DGB hält eine mindestens zwölfjährige Bildungspflicht für notwendig, um das für unsere Gesellschaft notwendige Mindestmaß an Bildungsinhalten vermitteln zu können. Das bedeutet, daß vorher kein Jugendlicher aus dem Gesamtschulbereich entlassen werden darf.

Da dem Fernunterricht beim Nachholen von Bildungsabschlüssen und im Rahmen der Weiterbildung eine wachsende Bedeutung zukommt, ist er in das Bildungssystem einzubeziehen und auszubauen. Der Fernunterricht muß öffentlicher Kontrolle unterliegen und darf nicht profitorientierten privaten Einrichtungen überlassen werden.

Abschnitt II:
Vorberufliche Bildung

Ziele

(1) Eine „vorberufliche Bildung“ ist allen Jugendlichen der Sekundarstufe I[1] zu vermitteln.

(2) Durch die vorberufliche Bildung soll der Jugendliche seine Neigungen und Fähigkeiten erkennen können.

(3) Die vorberufliche Bildung soll so umfassend angelegt sein, daß sie dem Jugendlichen wesentliche Probleme und Tatbestände des beruflichen Arbeitslebens deutlich macht und ihm

[1] 5.—10. Bildungsjahr.

für seinen weiteren Berufs- und Bildungsweg eine rational begründete Entscheidung ermöglicht.

(4) Durch die vorberufliche Bildung müssen alle Bildungswege aufgezeigt werden ohne Diskriminierungen für bisher benachteiligte Gruppen, wie Mädchen oder Arbeiterkinder.

(5) Die ausgewählten Gegenstände in der vorberuflichen Bildung sollen ein exemplarisches Lernen ermöglichen. Sie sollen die Beschäftigung mit Werkstoffen, Arbeitsgeräten, Arbeitsweisen, Verfahrenstechniken und Fragestellungen verschiedener Berufsfelder sowie die Vermittlung grundlegender Kenntnisse von der Wirtschafts- und Arbeitswelt einschließen.

(6) Der Jugendliche muß erfahren, daß berufliche Tätigkeiten sich mit den neuen gesellschaftlichen, ökonomischen und technischen Bedingungen ändern.

Maßnahmen

(7) Die Lehrplaninhalte müssen die Gegenstände enthalten, durch die eine Realisierung der genannten Ziele ermöglicht wird.

(8) In der Sekundarstufe I sind spätestens von der 7. Klasse an für das Aufgabengebiet der vorberuflichen Bildung Lerninhalte im Sinne einer polytechnischen Bildung einzuführen. Darin sind Arbeitsweisen und Fragestellungen aus verschiedenen Berufsbereichen anzuwenden und zu behandeln.

(9) Das Aufgabengebiet der vorberuflichen Bildung erfordert Vielseitigkeit des Unterrichtsangebotes, zugleich aber Schwerpunktbildung. Daher ist der Unterricht in Pflicht-, Wahlpflicht- und in Wahlbereichen vorzusehen, wobei für Mädchen keinesfalls besondere Fächer eingeführt und fortgeführt werden dürfen.

(10) Für die gesamte Sekundarstufe I sind die Inhalte der vorberuflichen Bildung unabdingbar und verbindlicher Bestandteil des Sekundarabschlusses I.

(11) Für das Aufgabenfeld vorberufliche Bildung sind besondere Fachräume, zweckentsprechende Werkstoffe, Arbeits-

geräte und Unterweisungshilfen (z. B. audio-visuelle Unterrichtsmittel) in ausreichendem Maße bereitzustellen.

(12) Die Schule kann im Rahmen der vorberuflichen Bildung auch Betriebspraktika und Betriebserkundungen durchführen. Eine umfassende pädagogische Vor- und Nachbereitung, die sich auf die Lerninhalte und die Auswahl der Betriebe erstreckt und eine einseitige Beeinflussung verhindert, ist Voraussetzung.

Abschnitt III:
Berufliche Bildung in der Sekundarstufe II

Ziele

(13) Die bisher getrennten Bereiche und Inhalte der allgemeinen und beruflichen Bildung sind innerhalb der Sekundarstufe II der Gesamtschule zu integrieren.

(14) Die Integration soll ein Höchstmaß an Chancengleichheit durch ein umfassendes und differenziertes Lernangebot für alle Jugendlichen sichern.

(15) Für alle Bildungsgänge müssen verbindliche, möglichst gleichwertige Curricula[2] gelten, die sich auf die Einbeziehung erforderlicher Praktika und Unterweisungen erstrecken. Für Jungen und Mädchen darf es keine unterschiedlichen Bildungspläne und Stundentafeln geben.

(16) Praktika und Unterweisungen in Betrieben, Verwaltungen oder anderen außerschulischen Einrichtungen in der Sekundarstufe II sind Teile des Unterrichts der Gesamtschule.

(17) In der Sekundarstufe II der Gesamtschule soll dem Jugendlichen die Möglichkeit geboten werden, eine erste berufliche Qualifikation und — gleichzeitig oder mit nur geringem zeitlichen Mehraufwand — die Studienberechtigung zu erwerben.

(18) Die mit dem Sekundarabschluß II nachgewiesene Fähigkeit zum wissenschaftlichen Arbeiten muß generell zum Stu-

[2] Inhaltliche und didaktische Programme von Bildungsgängen, die im Hinblick auf Lernziele abgegrenzt sind.

dium im Tertiären Bereich berechtigen. Soweit mit Erlangung der Studienberechtigung noch nicht die spezielle fachliche Qualifikation für das angestrebte Studium erworben ist, müssen dem Studierenden Möglichkeiten geboten werden, sich im Tertiären Bereich diese Qualifikation anzueignen.

(19) Bildung und Ausbildung haben durch Einbeziehung polyvalenter[3] Lerninhalte eine weitgehende Mobilität der Lernenden zu sichern, die sowohl zur unmittelbaren Erwerbstätigkeit als auch zum Weiterlernen befähigt.

(20) Die Gesamtschule muß organisatorisch und funktionell als Ganztagsschule konzipiert werden.

A. Maßnahmen für den Bereich der Bildungseinrichtungen

(21) Vordringlich ist die Einrichtung einer berufsfeldorientierten Berufsgrundbildung. Diese ist schulisch im 11. Bildungsjahr zu vermitteln. In einer Übergangszeit kann sie bereits im 10. Jahr angeboten werden. Die Berufsgrundbildung ist anrechnungsfähiger Teil der Bildungsgänge in der Sekundarstufe II.

(22) Die Berufsschulen sind organisatorisch zu Ganztagsschulen umzugestalten. Dabei sollten die Auszubildenden die Möglichkeit erhalten, über einen sechsstündigen Pflichtunterricht hinaus in der Schule Wahlkurse zu besuchen, Arbeitsgemeinschaften zu bilden und Aufgaben zu lösen. Aus diesem Grunde sind die Auszubildenden auch grundsätzlich an Berufsschultagen von der betrieblichen Ausbildung freizustellen.

(23) Der Unterricht der Berufsschule ist durch moderne methodische und didaktische Lehrverfahren und Lernmittel zu verbessern. Insbesondere ist erforderlich die Vermittlung von Einsichten und Verhaltensweisen, die Voraussetzung für soziale Orientierungsfähigkeit, für die Erkenntnis politischer, wirtschaftlicher und sozialer Zusammenhänge, für Kritikfähigkeit und für selbständiges und solidarisches Handeln sind.

(24) Die Einteilung der Lern- und Unterrichtsgruppen muß den Curricula entsprechen. Soweit dadurch eine Zusammen-

[3] Mehrfach verwendbarer.

stellung überregionaler Unterrichtsgruppen, ggf. auf Landes- oder Bundesebene, notwendig ist, muß für eine entsprechende Unterbringung gesorgt werden. Die dafür entstehenden Kosten dürfen nicht zu Lasten der Schüler und ihrer Erziehungsberechtigten gehen.

(25) Wegen der zunehmenden Bedeutung der allgemeinen Bildung und des theoretischen Wissens ist die Unterrichtszeit der Berufsschule auf mindestens 12 Wochenstunden auszudehnen. Bei Blockunterricht sind dementsprechend mindestens 480 Stunden jährlich vorzusehen.

(26) Auszubildende, die den Sekundarabschluß I bisher nicht erlangt haben, müssen diesen mit Abschluß der Berufsausbildung, ggf. durch den Besuch zusätzlicher Kurse, erhalten.

(27) Für die Eignung von betrieblichen Ausbildungsstätten sind Kriterien zu entwickeln, die Maßstab für die fachliche Anerkennung jedes Ausbildungsbetriebes sein müssen. Dabei ist für eine pädagogisch sinnvolle Relation zwischen den Ausbildern und den Auszubildenden eine Höchstzahl festzulegen.

(28) Für eine verstärkte Kontrolle der Ausbildung in Betrieben und Verwaltungen ist eine ausreichende Zahl von Ausbildungsberatern zu bestellen. Dabei muß gewährleistet sein, daß jede Ausbildungsstätte mindestens halbjährlich einmal gründlich überprüft wird. Die Ausbildungsberater müssen einen Status erhalten, der sie unabhängig macht von der Interessenposition der Kammern als Unternehmervereinigungen oder von anderen zuständigen Stellen, die mittelbar oder unmittelbar Arbeitgeberfunktionen haben.

(29) Berufsbildungsgänge, die bisher noch in Betrieben und Verwaltungen durchgeführt werden, sich aber für eine vollschulische Durchführung besonders eignen, sind schrittweise von Vollzeitschulen zu übernehmen.

(30) Der Besuch des Berufsgrundschuljahres und der Berufsfachschulen ist voll auf die weitere Berufsausbildung bzw. auf weitere Bildungsgänge anzurechnen.

(31) Soweit außerbetriebliche Berufsbildungseinrichtungen geschaffen werden, sind diese in eine sinnvolle Landes- und

Regionalplanung einzuordnen und in organisatorischer, personeller und inhaltlicher Verbindung mit Schulen und Schulzentren zu errichten. Für bestehende Einrichtungen ist diese Verbindung nachträglich herzustellen.

(32) Außerbetriebliche Berufsbildungseinrichtungen müssen den Prinzipien und Grundsätzen des öffentlichen Bildungswesens entsprechen und zur Verbesserung der Chancengleichheit und der Durchlässigkeit des gesamten Bildungswesens beitragen.

(33) Bei außerbetrieblichen Berufsbildungseinrichtungen müssen die Gewerkschaften paritätisch in den verantwortlichen Gremien und Organen vertreten sein.

(34) Neben der Verbesserung des bestehenden Systems sind zur Verwirklichung der Integration folgende Maßnahmen erforderlich:

— Übereinstimmende Lerninhalte der Teilzeitberufsschule und der Vollzeitschulen sind gemeinsam zu vermitteln. Mögliche organisatorische Formen wie Block- und Kurssystem sind dabei zu nutzen.

— Das gesamte berufliche Schulwesen ist in sich und gegenüber den anderen Schulen der Sekundarstufe II durchlässig zu gestalten. Dazu sind verbindliche, bundeseinheitliche Abstimmungen über Lernziele und Lerninhalte erforderlich. Zur Zeit vorhandene Schulformen sind nach Möglichkeit zusammenzuführen. Dies gilt insbesondere für Berufsfachschulen, Fachoberschulen und berufliche Gymnasien.

— Die vorhandenen Schulen sind in integrierte Gesamtschulen umzugestalten. Sie müssen dabei sowohl die Oberstufen der Gymnasien wie die verschiedenen Formen der beruflichen Schulen umfassen.

— Neue Schulen dürfen nur noch als integrierte Gesamtschulen errichtet werden. Bei der Planung von Schulen ist die bauliche, technische und organisatorische Gestaltung entsprechend vorzunehmen. Die Schulen müssen u. a. mit Werkstätten, Labors und Funktionsräumen für kaufmännische und verwaltende Tätigkeiten ausgestattet sein.

B. Maßnahmen für den Bereich der Berufsbildungsforschung

(35) Die Berufsbildungsforschung muß so ausgebaut werden, daß sie in der Lage ist, die erforderlichen wissenschaftlichen Vorarbeiten für die Bestimmung von Lerninhalten und Lernzielen durchzuführen. Sie ist dabei ein wichtiger Faktor für die gesamte Neugestaltung der beruflichen Bildung.

(36) Die Neuordnung der Berufsbildung muß in den Berufsbereichen beginnen, die gesellschaftlich, ökonomisch und technisch besonders wichtig sind.

(37) Bei der strukturellen und inhaltlichen Neugestaltung der beruflichen Bildung müssen die Bildungsgänge so angelegt werden, daß sie den Prinzipien einer breiten Grundbildung und einer qualifizierten, ausbaufähigen Fachbildung entsprechen. Die derzeit vorhandenen Ausbildungsberufe sind in Inhalt und Zahl zu überprüfen und entsprechend neu zu gestalten. Sie sollen dabei einem wissenschaftlich fundierten System von Berufsfeldern zugeordnet werden.

(38) Die Bildungsgänge sind auf ein Lernsystem in Bausteinen bzw. Stufen aufzugliedern. Dies erfordert eine entsprechende Gestaltung der Ausbildungsordnungen und weiterer Lerninhalte im Rahmen der beruflichen Bildung.

(39) Die bisherigen Prüfungs- und Ausleseverfahren sind durch andere Formen von Lernfortschrittskontrollen abzulösen. Soweit Prüfungen unvermeidbar sind, müssen sie objektiviert werden. Entsprechende Prüfverfahren sind im Rahmen der wissenschaftlichen Forschung zu entwickeln.

C. Maßnahmen im Regelungsbereich von Bund und Ländern

(40) Die Schul- und Hochschulgesetze der Länder und das Berufsbildungsgesetz des Bundes sind auf die Schaffung eines „Bundesbildungsgesetzes" hin weiterzuentwickeln, das auch die Weiterbildung einschließt.

(41) Auch solange noch die unterschiedlichen Zuständigkeiten für die schulische Berufsbildung einerseits und die in Betrieben und Verwaltungen stattfindende Berufsbildung andereseits bestehen,

— ist der Geltungsbereich des Berufsbildungsgesetzes auf alle bisher nicht oder nicht voll erfaßten Berufsbildungsbereiche auszudehnen;

— ist bei der Bundesregierung die Berufsbildung einer Stelle verantwortlich zuzuordnen;

— sind durch Bund-Länder-Vereinbarungen die sich aus den Ausbildungsordnungen ergebenden Bildungsinhalte der Berufsschule in Form von verbindlichen Rahmenlehrplänen festzulegen;

— ist die Mitbestimmung der Gewerkschaften im Bereich der beruflichen Bildung durch geeignete Selbstverwaltungseinrichtungen auf allen Ebenen sicherzustellen.

(42) Öffentliche Berufsbildungseinrichtungen sind verstärkt zu schaffen. Sie haben zunächst die Aufgabe, bestehende durch regionale und strukturelle Unterschiede ungleiche Berufsbildungschancen im betrieblichen Ausbildungssystem auszugleichen.

(43) Die Länder haben alle Voraussetzungen zu schaffen, um den Lehrermangel an den beruflichen Schulen zu beheben. Grundlage dafür muß eine gemeinsame Planung des Lehrerbedarfs durch Bund und Länder sein.

(44) Für die Ausbilder müssen ausreichende Möglichkeiten zu ihrer Ausbildung, in Verbindung mit Ausbildungseinrichtungen für andere Pädagogen, geschaffen werden.

Damit sie ihre berufliche Aufgaben erfüllen können, sind sie zu einer ständigen Fortbildung zu verpflichten. Dies bedeutet, daß sie ein Recht auf Freistellung für Fortbildungsmaßnahmen erhalten müssen. Soweit wie möglich sind gemeinsame Lehrgänge mit entsprechenden Pädagogen aus anderen Bildungsinstitutionen durchzuführen.

(45) Alle Lehrer sind zur ständigen Fortbildung zu verpflichten; ihnen ist nach 5 Berufsjahren jeweils ein Kontaktstudium von der Dauer eines Semesters sowie die Teilnahme an Praktika und an Fachlehrgängen vorzuschreiben.

Abschnitt IV:
Berufliche Bildung im Tertiären Bereich

Ziele

(46) Alle Berufsbildungsgänge, die unmittelbar auf dem Sekundarabschluß II aufbauen, gehören zum Tertiären Bereich.

(47) Die Bildungsgänge dieses Bereiches sollten nach dem Baukastensystem aufgebaut sein und eine individuelle Gestaltung der einzelnen Studiengänge ermöglichen. Innerhalb des Tertiären Bereiches muß Durchlässigkeit gewährleistet sein.

Jeder Studienberechtigte muß das Recht haben, den von ihm gewünschten Bildungsgang im Tertiären Bereich zu besuchen.

(48) Die Studierenden müssen die Möglichkeit haben, nacheinander anerkannte berufsqualifizierende Abschlüsse zu erwerben, ohne von vornherein auf einen bestimmten Studienabschluß festgelegt zu werden.

(49) Der Tertiäre Bereich muß allen Bildungswilligen entsprechend ihrer Eignung und ihren Neigungen offenstehen. Dafür sind genügend Studienplätze bereitzustellen.

Maßnahmen

(50) Neben den Studiengängen der bisherigen Hochschulen, Fachhochschulen und Akademien müssen die Studiengänge der entsprechenden Fachschulen wesentlicher Bestandteil des Tertiären Bereiches werden.

(51) Die Curricula der Studiengänge des Tertiären Bereiches müssen überprüft und der gesellschaftlichen, ökonomischen und technischen Entwicklung angepaßt werden. Insbesondere sind die Curricula der Studiengänge der Fachschulen im Tertiären Bereich zu überarbeiten und ggf. neue Studiengänge zu entwickeln.

(52) Die Curricula im Tertiären Bereich können auch Praktika und andere Bildungsabschnitte in Betrieben und Verwaltungen umfassen.

(53) Das Angebot im gesamten Tertiären Bereich muß auch Bildungsgänge im Medienverbund einschließen. Die öffentliche Zuständigkeit und Verantwortung und die organisatorische

Verbindung zu den Einrichtungen des Tertiären Bereiches muß hergestellt werden.

(54) Der für viele Studieneinrichtungen bestehende Numerus clausus ist zu beseitigen. Die baulichen Kapazitäten und die personelle Ausstattung des Tertiären Bereiches sind entsprechend auszuweiten.

Abschnitt V: Berufliche Weiterbildung

Ziele

(55) Bestandteil eines umfassenden Systems der Weiterbildung muß die berufliche Weiterbildung, d. h. Anpassungs- und Aufstiegsfortbildung sowie Umschulung sein.

(56) Das System sollte nach dem Baukastenprinzip gestaltet werden und muß allen zur freiwilligen und ständigen Weiterbildung offenstehen sowie darüber hinaus den Lehrern, Ausbildern und Bildungs- und Berufsberatern die Möglichkeit geben, ihrer Verpflichtung zur ständigen Fortbildung nachzukommen.

(57) In das System der beruflichen Weiterbildung sind alle öffentlichen Bildungseinrichtungen einzubeziehen. Dazu kommen Bildungseinrichtungen in nichtöffentlicher Trägerschaft, die öffentlich anerkannt sein müssen.

(58) Die Planung der beruflichen Weiterbildung und die Formulierung ihrer Lernziele hat im Rahmen der öffentlichen Verantwortung zu erfolgen. Dabei sind sowohl Mindeststandards für die Inhalte als auch für die Abschlüsse durch bundeseinheitliche Richtlinien zu gewährleisten.

Maßnahmen

(59) Neben den für die berufliche Weiterbildung bestehenden Einrichtungen haben die Schulen Weiterbildungsmaßnahmen durchzuführen.

(60) Als Voraussetzung für die Ordnung und Systematisierung des Bereiches der beruflichen Weiterbildung muß der Bund eine Rahmenkompetenz erhalten.

(61) Auf örtlicher und regionaler Ebene sind Kooperationsgremien zu schaffen, bei denen alle Stellen, die Weiterbildung

betreiben, zusammenarbeiten, um ihr Bildungsangebot abzustimmen und zu ergänzen. Wenn notwendig, muß im öffentlichen Bildungswesen das Bildungsangebot durch zusätzliche Maßnahmen vergrößert werden.

(62) Die Anforderungen des beruflichen Weiterbildungssystems sind beim Bau von Gesamtschulen, von Schul- und Kulturzentren entsprechend zu berücksichtigen.

(63) Die öffentlich anerkannten Fernunterrichtslehrgänge und andere, insbesondere audio-visuelle Unterrichtsprogramme sind in das Weiterbildungssystem einzubeziehen.

(64) Die Berufsbildungs- und Bildungsforschung muß dringend geeignete Methoden der Erwachsenenbildung entwickeln und alle Medien auf ihre Verwendung überprüfen, um eine weitgehende Effektivität und die Berücksichtigung der individuellen Fähigkeiten und Kenntnisse bei den Lernanstrengungen zu erreichen.

(65) Die Veranstaltungen müssen so gegliedert und beschrieben sein, daß alle beruflich Tätigen angemessene Einstiege für die Weiterbildung finden können. Ebenso muß bei der Konzipierung beachtet werden, daß die bisherigen beruflichen Erfahrungen einbezogen werden, um sie u. a. motivationsfördernd[4] wirksam werden zu lassen.

(66) Für die Fortbildung der Lehrer, Ausbilder und Bildungs- und Berufsberater sind Kontaktstudiengänge, Praktika und Fachlehrgänge vorrangig einzurichten.

Abschnitt VI:

Finanzielle Förderung der beruflichen Bildung

Ziele

(67) Ausgehend von dem Nutzen und der Notwendigkeit der beruflichen Bildung für die gesellschaftliche, ökonomische und technische Entwicklung und von der Tatsache, daß jede Lernleistung auch eine effektive Arbeitsleistung darstellt, hat unsere Gesellschaft die Bildungsteilnahme angemessen zu honorieren.

[4] Die Beweggründe verstärkend.

(68) Von der Sekundarstufe II an soll für jeden Jugendlichen und Erwachsenen ein individueller Rechtsanspruch auf öffentliche Bildungsförderung für Maßnahmen im öffentlichen oder öffentlich anerkannten Bildungsbereich bestehen. Dabei ist der notwendige Lebensunterhalt zu sichern; bei berufstätigen Arbeitnehmern ist der vor dem Bildungszeitraum bezogene Verdienst Mindestgrundlage der Förderung.

(69) Neben dem Anspruch auf Bildungsurlaub für gesellschaftliche Bildung hat der Arbeitnehmer zur Erhaltung seiner beruflichen Mobilität und für sein berufliches Weiterkommen Anspruch auf Freistellung von anderer Arbeit zu beruflichen Bildungsmaßnahmen unter Fortzahlung seines Arbeitsentgeltes. Dieser Anspruch ist rechtlich zu sichern.

(70) Bei allen vom Betrieb veranlaßten Berufsbildungsmaßnahmen hat der Betrieb neben der Fortzahlung des Arbeitsentgeltes alle Kosten der Weiterbildung zu übernehmen.

(71) Solange und soweit die Finanzierung der Bildungsinstitutionen nicht durch öffentliche Mittel erfolgt, ist die berufliche Bildung durch einen „Bundesfonds für Berufsbildung" institutionell zu fördern. Die Mittel sind durch eine Beitragsleistung aller Betriebe und Verwaltungen aufzubringen.

(72) Der Bundesfonds soll dazu beitragen,

— die Berufsbildung zu qualifizieren und sie an die gesellschaftliche, ökonomische und technische Entwicklung anzupassen;
— die Bildungschancen für den einzelnen zu verbessern;
— regionale Ungleichheiten im Berufsbildungsangebot zu beseitigen;
— eine Beteiligung aller Betriebe und Verwaltungen an den Kosten der beruflichen Bildung zu erreichen.

(73) Der Bundesfonds ist als öffentlich-rechtliche Körperschaft mit Selbstverwaltung einzurichten. Die Arbeitnehmer sind an dieser Selbstverwaltung paritätisch zu beteiligen.

Maßnahmen

(74) Durch ein umfassendes „Bildungsförderungsgesetz" ist der individuelle Rechtsanspruch ab Sekundarstufe II sicherzu-

stellen. Durch das Gesetz sind die Bestimmungen des Bundesausbildungsförderungsgesetzes, die entsprechenden Abschnitte des Arbeitsförderungsgesetzes und andere einschlägige gesetzliche Regelungen abzulösen.

(75) Für alle betrieblichen Berufsbildungsverhältnisse sind die durch den Betrieb zu zahlenden Förderungssätze über Tarifverträge zu regeln.

(76) Für berufliche Weiterbildung muß die Freistellung von anderer Arbeit über Arbeits- und Tarifverträge erfolgen, und zwar für einen Zeitraum, der eine wirksame Weiterbildung zuläßt.

(77) Die institutionelle Förderung ist durch ein Gesetz neu zu regeln und die Einrichtung eines „Bundesfonds für Berufsbildung" sowie die Beitragsverpflichtung für Betriebe und Verwaltungen und die Art der Bemessung, Höhe des Beitrages, das Einzugsverfahren und der Förderungsmodus festzulegen.

(78) Im Rahmen von rechtlichen Bestimmungen müssen Kriterien entwickelt werden, die Voraussetzung für jede finanzielle Förderung sind. Dabei sind u. a. zu berücksichtigen angemessene personelle und sachliche Bedingungen, enge Zusammenarbeit mit öffentlichen Schulen, öffentlich-rechtliche oder gemeinnützige Trägerschaft, Mitbestimmung der Arbeitnehmer.

Abschnitt VII:
Beratung im Bereich der beruflichen Bildung

Ziele

(79) Durch Information und öffentliche Beratungsdienste sind die notwendigen Entscheidungshilfen für die Wahl des individuellen Bildungs- und Berufsweges nach persönlicher Eignung und Neigung zur Verfügung zu stellen.

(80) Die Beratung muß insbesondere auf die Anforderungen des Bildungsweges, Aufstiegsmöglichkeiten, die Durchlässigkeit zu anderen Bildungswegen und die Zukunftschancen abgestellt sein. Aus diesem Grund hat sich die Beratung der Ergebnisse wissenschaftlicher Forschung über die qualitative und quantitative Berufsentwicklung zu bedienen.

(81) Durch eine entsprechende personelle und sachliche Ausstattung der Beratungsdienste muß jeder Ratsuchende alle für ihn notwendigen Informationen und Hilfen in der dafür erforderlichen Zeit erhalten können.

(82) Das Beratungsangebot darf nicht auf Schüler und Auszubildende beschränkt werden. Die Beratung muß ein berufs- und arbeitsbegleitender Prozeß sein. Den Arbeitnehmern muß auf allen Qualifikationsstufen deshalb bei Bildungs- und Berufsproblemen für die Zeit ihres gesamten Berufslebens ein entsprechender Beratungsdienst zur Verfügung stehen.

Maßnahmen

(83) Eine Koordinierung und Abstimmung der vorhandenen Beratungsdienste in den Schulen des Sekundar- und des Tertiären Bereiches und der Arbeitsverwaltung ist vorzunehmen. Es sollte erreicht werden, daß in allen Bereichen gleiche Prinzipien für die Beratung angewandt werden.

(84) Bildungsberatung und Berufsberatung einschließlich der Förderungsberatung sind quantitativ und qualitativ so auszubauen, daß eine ausreichende Zahl qualifizierter Berater zur Verfügung steht.

(85) Eine allgemeine Information, die auf die verschiedenen Interessengruppen[5] abgestellt ist, sollte der Einzelberatung vorausgehen.

(86) Die Durchführung der Einzelberatung soll zunehmend auf das Prinzip des „team-works“ von Psychologen, Ärzten und Beratern abgestellt werden. Auf Wunsch und mit Einverständnis eines Ratsuchenden sollen psychologische Eignungsuntersuchungen durchgeführt werden.

(87) Information und Beratung sollen durch eine ständige wissenschaftliche Erfolgskontrolle begleitet und überprüft werden. Die Ergebnisse sind bei der Weiterentwicklung der Beratung im Bildungswesen zu berücksichtigen.

(88) Für die Qualifizierung der in der Beratung Tätigen müssen Ausbildungsmaßnahmen in erforderlichem Umfang

[5] Zum Beispiel Eltern, Behinderte.

durchgeführt werden. Ihnen ist eine ständige Fortbildung zur Pflicht zu machen.

Abschnitt VIII:
Mitbestimmung in der beruflichen Bildung

Ziele

(89) Bei bildungspolitischen Gesetzentwürfen in den Ländern und bei der Vorbereitung bildungspolitischer Entscheidungen der Regierungen haben die Gewerkschaften mitzuwirken.

(90) In allen Gremien zur Planung, Inhaltsbestimmung und Durchführung beruflicher Bildungsmaßnahmen ist die Mitbestimmung der Gewerkschaften zu sichern.

(91) In den Einrichtungen zur Durchführung beruflicher Bildungsmaßnahmen ist die Mitbestimmung der Gewerkschaften zu sichern, ohne Rücksicht auf die Rechtsform und die finanzielle Trägerschaft oder Zuordnung der betreffenden Einrichtung.

(92) Im Rahmen der Mitbestimmung ist auch der Anspruch der Bildungsteilnehmer auf aktive Mitgestaltung und Mitentscheidung über die Verwaltung der Bildungseinrichtungen und die Durchführung der Bildungsaufgaben zu verwirklichen.

Maßnahmen

(93) Bestehende Mitbestimmungsrechte der Arbeitnehmer und ihrer Gewerkschaften müssen auf alle Bildungsbereiche ausgedehnt werden.

(94) Aus rationellen Gründen bedarf es einer Zusammenfassung der Institutionen, die für die Durchführung und Überwachung der betrieblichen Berufsbildung zuständig sind.

(95) Die Ordnung und Überwachung ist von den Kammern und anderen Arbeitgebereinrichtungen unabhängig zu regeln. Sie ist Selbstverwaltungseinrichtungen zu übertragen, in denen die Arbeitnehmer paritätisch vertreten sind.

(96) Bei der künftigen Integration der beruflichen Bildung in das öffentliche Bildungswesen dürfen bestehende Mitbestimmungsrechte der Arbeitnehmer nicht beseitigt werden. Neue

Formen der Mitbestimmungsmöglichkeiten der Gewerkschaften für den Gesamtbereich des Bildungswesens sind zu entwickeln und gesetzlich zu sichern.

Abschnitt IX:
Berufliche Bildung in Europa

Ziele

(97) In Europa muß eine gemeinsame Bildungspolitik angestrebt werden, die über eine abgestimmte EWG-Politik hinausgeht und auch die anderen europäischen Länder einbezieht.

(98) Die europäische Bildungspolitik muß eine angemessene berufliche Bildung bei freier Wahl des Berufs, der Bildungsstätte sowie des Bildungs- und Beschäftigungsortes ermöglichen.

(99) Eine Harmonisierung der Inhalte und Abschlüsse der beruflichen Bildung sowie eine Angleichung der Systeme ist herbeizuführen.

(100) Eine europäische Bildungspolitik verlangt auch eine gemeinsame Berufsbildungsforschung und die Einführung einer entsprechenden Bildungs- und Berufsberatung.

Maßnahmen

(101) Ein Aktionsprogramm zur Verwirklichung einer europäischen Berufsbildungspolitik ist unter Beteiligung der Gewerkschaften vorzulegen. Dabei sind kurz-, mittel- und langfristige Prioritäten festzulegen.

(102) Es ist ein System zu entwickeln, um die Inhalte und Abschlüsse aller Berufe der Länder Europas festzustellen, und ein vereinfachtes Verfahren zur Anerkennung der Abschlüsse, Diplome und Berechtigungen in allen europäischen Ländern festzulegen.

(103) Der europäische Sozialfonds ist zu einem wirksamen Instrument einer europäischen Berufsbildungspolitik auszubauen.

(104) Für die berufliche Aus- und Weiterbildung sind europäische Finanzierungsmodelle zu entwickeln.

(105) Es muß umgehend ein Instrumentarium zur Erfassung statistischer Daten geschaffen sowie eine gemeinsame Termi-

nologie festgelegt werden, die einen Informationsaustausch im Bereich der europäischen Berufsbildung erleichtern.

(106) Es müssen europäische Ausbildungsberufe entwickelt werden, die den Grundsätzen der Polyvalenz entsprechen.

(107) Die berufliche Situation der Wanderarbeitnehmer ist zu untersuchen, ggf. sind besondere berufsbildende Maßnahmen vorzusehen.

(108) Zum Erfahrungsaustausch und Methodenvergleich sind Seminare für Ausbildungsleiter, Ausbilder, Lehrer und Bildungs- und Berufsberater verstärkt durchzuführen. Außerdem sind Programme zu entwickeln, um diesem Personenkreis Gelegenheit zu geben, berufliche Erfahrungen zu erwerben.

(109) Das Programm für den Austausch junger Arbeitnehmer, insbesondere zur Erweiterung der beruflichen Kenntnisse und Fertigkeiten, ist weiterzuentwickeln.

(110) Der Abbau der Sprachbarrieren ist auch im Bereich der beruflichen Bildung verstärkt vorzunehmen.

(111) Für die Verwirklichung der Ziele im Bereich der beruflichen Bildung ist die Errichtung eines europäischen Institutes für Berufsbildungsforschung und Berufsberatung erforderlich. Es hat die Aufgaben der Forschung, Dokumentation und den Informationsaustausch zu übernehmen und Voraussetzungen für gemeinsame Erneuerungen zu schaffen sowie europäische Modellmaßnahmen vorzubereiten und zu begleiten. Dabei hat es mit den nationalen und internationalen Einrichtungen gleicher Zielsetzung zusammenzuarbeiten.

Die Arbeitsgruppe ist sich bewußt, daß damit nicht allen Schwierigkeiten Rechnung getragen werden konnte. Sie glaubt aber, deutlich gemacht zu haben, daß es Realisierungsmöglichkeiten gibt, und hofft, daß sich die verantwortlichen Bildungspolitiker in Bund und Ländern dadurch zu eigenen Planungs- und Entwicklungsarbeiten anregen lassen.

Erheblicher Anstrengungen bedarf es vor allem für die curriculare Ausfüllung des Kurssystems. Diese Aufgabe kann jedoch nur in Zusammenarbeit von Forschung und Praxis durch Gestaltung und Erprobung von Modellen und Auswertung der dabei gewonnenen Erfahrungen gelöst werden. Die Umstellung der Schulplanung auf die organisatorische Trennung der Sekundarstufe II von der Sekundarstufe I und auf die Zusammenfassung der verschiedenen Formen der Sekundarstufe II gestattet daher keinen Aufschub.

8. Organisationen der Wirtschaft

a) Vorstellungen des Handwerks (Zentralverband des deutschen Handwerks zur Reform der beruflichen Bildung, November 1973)

Ausgangslage

Die berufliche Bildung im Rahmen der politischen Diskussion

Die Diskussion über die Reformen der beruflichen Bildung ist im politischen Raum in ein entscheidendes Stadium getreten.

Aus nahezu allen bisher geäußerten Zielvorstellungen ist ersichtlich, daß die geplanten Reformen auf wesentliche Veränderungen unseres Berufsbildungssystems ausgerichtet sind. Diese Reformvorschläge sind vorwiegend ideologisch und gesellschaftspolitisch motiviert. Sie haben in erster Linie Veränderungen der bestehenden Organisationsformen zum Gegenstand und zielen weniger auf Verbesserungen der schulischen und betrieblichen Ausbildung zugunsten der betroffenen Jugendlichen sowie der Wirtschaft und der Gesellschaft ab.

Gefahren der Reformziele

Die Berufsbildung ist eine der wichtigsten Grundlagen für die Funktionsfähigkeit einer Volkswirtschaft. Jede wesentliche Veränderung im Bereich der Berufsbildung muß daher dahingehend überprüft werden, ob sie nicht zu nachteiligen Folgen für den Bestand der Leistungsfähigkeit der Wirtschaft und zur Einbuße von Lebensqualität für breite Bevölkerungsschichten führt. Jedes berufliche Bildungssystem muß sich außer seiner pädagogischen Zielsetzung auch am Bedarf der Wirtschaft und

Gesellschaft an bestimmten beruflichen Qualifikationen orientieren.

Jeder Eingriff in diese fundamentalen Zusammenhänge muß bei den betroffenen einzelnen zu nachhaltigen Folgerungen für seine berufliche Tätigkeit und für seinen beruflichen Aufstieg führen. Eine besondere Gefahr ist darin zu sehen, daß aus vordergründigen politischen Zielsetzungen und Erfolgszwängen Entwicklungen eingeleitet werden, die an der Wirklichkeit vorbeigehen und Bewährtes zerstören. Jede Reform muß Schritt für Schritt vollzogen werden, in Betrieb und Schule zu verwirklichen sein und nach Prinzipien erfolgen, die auch in Zukunft revidierbar bleiben. In einer freiheitlichen Staats- und Gesellschaftsordnung darf es für den Staat keinen Monopolanspruch im Bildungswesen geben (Artikel 7 und 12 GG).

Das derzeitige Berufsbildungssystem

In der Bundesrepublik Deutschland stehen rund 1,3 Millionen junge Menschen in der Berufsausbildung, davon 435 000 im Handwerk.

Die ständige Intensivierung der beruflichen Bildung ist wesentlicher Bestandteil des bestehenden und weiter zu entwickelnden dualen Systems. Dieses hat lange Zeit wenig staatliche Beachtung gefunden, nicht einmal für die im staatlichen Verantwortungsbereich stehenden Berufsschulen.

Vorteile des dualen Systems

Das jetzige duale System bietet im wesentlichen folgende Vorteile:

— Ein maximales Angebot an Ausbildungsplätzen und Ausbildungspersonal durch die Betriebe.

— Ein Höchstmaß an Praxisnähe, weil sich die Ausbildung in der betrieblichen Ernstsituation des Berufes vollzieht.

— Eine optimale Lernmotivierung für die schulmüden Jugendlichen durch eine betriebsgebundene Ausbildung.

— Ein Höchstmaß an Anpassungsfähigkeit der betrieblichen Ausbildungsplätze an technische und wirtschaftliche Veränderungen. Dies gilt auch für Ausbildungsinhalte und Lernziele.

— Eine höchstmögliche Freiheit für den einzelnen bei der Wahl des Ausbildungsplatzes und des Ausbilders im Gegensatz zu schulischen Institutionen (Art. 12 GG).

— Minimale Belastung der Haushalte der öffentlichen Hand.

Kritik am dualen System

Trotz der nachweisbaren Erfolge wurde das duale System in letzter Zeit in erheblichem Umfange kritisiert. Eine nähere Analyse ergibt jedoch, daß alle Kritik in erster Linie ideologisch motiviert auf Einzelfälle ausgerichtet ist und nicht im System begründet ist. Außerdem wird die Qualität der betrieblichen Berufsausbildung an Maßstäben gemessen, die nicht den wirtschaftlichen und sozialen Realitäten entsprechen und daher eine objektive Beurteilung des tatsächlichen Qualitätsniveaus verfehlen.

Die betriebliche Berufsausbildung erfolgt nach bundeseinheitlichen Ausbildungsordnungen. Für das Berufsschulwesen besteht dagegen die Schulkompetenz der Länder, so daß es hinsichtlich des Berufsschulunterrichts keine übereinstimmenden Rahmenordnungen gibt. Bei einer Unterstellung der beruflichen Ausbildung unter die Kultusministerien der Länder ist zu befürchten, daß die Bundeseinheitlichkeit auch der Ausbildungsordnungen gefährdet wird.

Die Abstimmung mit dem Beschäftigungssystem wird nahezu unmöglich gemacht. Wenn es dem Staat nicht möglich war und ist, das Berufsschulwesen neu zu ordnen, besteht für die Wirtschaft kein Grund, sich für die geforderte Änderung ihrer bisherigen gesetzlichen Ordnung einzusetzen.

Das duale System im internationalen Vergleich

Das duale System ist auch in internationaler Sicht konkurrenz- und leistungsfähig. Dies beweisen die Spitzenleistungen unserer Volkswirtschaft. Die Bundesrepublik Deutschland gehört nicht von ungefähr zu den größten Industrie- und Handelsnationen der Welt.

Seit Jahren liegt die Bundesrepublik Deutschland bei internationalen Berufswettbewerben in der Spitzengruppe.

Außerdem ist auf internationaler Ebene festzustellen, daß andere Länder, die in vergangenen Zeiten den Weg der Verschulung der Berufsausbildung gegangen sind, unter Aufwendung erheblicher finanzieller Mittel bemüht sind, die Betriebe der Wirtschaft für die Berufsausbildung zurückzugewinnen.

Bildungspolitische Leitsätze des Handwerks

Aufgrund der unbestreitbaren Vorteile des dualen Systems in nationaler und internationaler Sicht müssen Reformen zur beruflichen Bildung auf den bewährten Fundamenten aufbauen. Die Reform der beruflichen Bildung darf daher keine Sprengung oder Überwindung des bisherigen Systems zum Ziele haben. Reformen sind vielmehr nach folgenden bildungspolitischen Leitsätzen auszurichten:

— Der Bereich der beruflichen Bildung muß mit anderen Bildungsbereichen *gleichgestellt* werden.

— Die berufliche Bildung muß in der finanziellen Förderung *gleichrangig* neben den übrigen Bildungsbereichen stehen. Dabei ist die Disparität der finanziellen Förderung zwischen den einzelnen Bildungsbereichen abzubauen.

— *Lebensbezugs- und Praxisnähe* müssen wesentliche Bestandteile der beruflichen Bildung bleiben.

— Die Bildungsplanung hat sich an dem Ergebnis der *Berufs- und Arbeitsmarktforschung* zu orientieren.

— Die Bildungsabschlüsse haben sich an den *Qualitätsanforderungen* der Wirtschaft und Gesellschaft zu orientieren.

— *Die Ausbildungsinhalte* an den verschiedenen Lernorten müssen stärker aufeinander bezogen sein.

— Die beruflichen Bildungswege müssen *durchlässig* sein.

— Bildungsmaßnahmen müssen den einzelnen in die Lage versetzen, sich mit dem erworbenen Bildungsstoff im beruflichen und privaten Leben zu bewähren.

— Reformen dürfen die *Leistungsfähigkeit der Volkswirtschaft* nicht beeinträchtigen; die Einbuße an *Lebensqualität* wäre die unmittelbare Folge.
— Die Berufsausbildung muß der technischen und wirtschaftlichen Entwicklung folgen können. Eine Reform darf das Engagement der Wirtschaft nicht beeinträchtigen. Ideologisch motivierte Reformziele, die von einem Mißtrauen gegen bewährte Kräfte in der Ausbildung gerichtet sind, sind nicht geeignet, die berufliche Bildung und die Bereitschaft zur Ausbildung positiv zu beeinflussen.
— Neue Gesetze und Verordnungen, die in erster Linie die *Verwaltung perfektionieren und bürokratisieren*, sind, wie die bisherige Erfahrung zeigt, wenig geeignet, zu praktischen Fortschritten in der beruflichen Bildung zu führen. Dasselbe gilt für bloße Änderungen von Organisationsstrukturen.
— Wesentliche Veränderungen der Ausbildungsinhalte und Ausbildungswege erfordern eine sorgfältige und *ausreichende Erprobung*.
— Die berufliche Bildung kann nur durch enge wechselseitige *Verknüpfung zwischen Ausbildungsstätten und Selbstverwaltung* der Wirtschaft einen optimalen Effekt erzielen.

Stellungnahme zu wesentlichen Reformvorschlägen

Beweggründe für Reformvorschläge im politischen Bereich

Der überwiegende Teil der Reformvorschläge wird mit Mängeln im bestehenden System begründet.

So unter anderem:

Chancengleichheit

Behauptet wird: Jugendliche aus sozial benachteiligten Schichten haben eine wesentlich geringere Chance, anspruchsvollere Bildungsgänge, auch im beruflichen Bereich, wahrzunehmen.

Gerade das duale System bietet jedem Jugendlichen die Chance zum beruflichen Aufstieg ohne Rücksicht auf seine soziale Herkunft.

In einer differenzierten Berufs- und Arbeitswelt steigt die Nachfrage nach qualifizierten Fach- und Führungskräften, die über einen praxisnahen beruflichen Bildungsgang gegangen sind. Die Überbewertung und einseitige Förderung gymnasialer Bildungswege führt zu einer Diskriminierung der Absolventen beruflicher Bildungswege. Eine stärkere Berücksichtigung der beruflichen Bildung in der Bildungswerbung und ihre Aufwertung ist daher erforderlich.

Qualitätsunterschiede

Behauptet wird: Große Unterschiede in der Qualität der Berufsausbildung ergeben sich schon allein aus der Tatsache, daß in einem erheblichen Umfang elementare Vorschriften des Berufsbildungsrechts verletzt werden.

Die Ausbildungsqualität hängt nicht unmittelbar von der Einhaltung gesetzlicher Vorschriften ab. Die wesentlichen Kriterien für eine qualifizierte Ausbildung sind die Qualifikation der Ausbilder, das Ausbildungsprogramm, Ausbildungsmittel und die Überprüfung des Ausbildungsergebnisses in der Praxis.

Die Erfahrung hat in der Vergangenheit immer wieder gezeigt, daß gesetzliche Bestimmungen Ausbildungsinhalte festschreiben, während sich die praktische Ausbildungsarbeit unter dem Zwang der technischen Entwicklung ständig an neue Berufsfunktionen anpaßt.

Unterschiede in der Qualität der Berufsausbildung ergeben sich nicht in erster Linie aus Verstößen gegen ordnungsrechtliche Vorschriften. Es sind keine systemimmanenten Mängel und können durch verstärkte Kontrolle beseitigt werden.

Überwachungstätigkeit durch Handwerkskammer

Behauptet wird: Die bisherige Überwachungspraxis durch die Kammern hat Qualitätsunterschiede in der Berufsausbildung und Verstöße gegen gesetzliche Vorschriften nicht verhindern können.

Die Hauptgründe für Unterschiede in der Qualität der Berufsausbildung liegen in der Individuallage der Ausbildungspersonen bzw. der Schüler. Der Lernprozeß ist ein persönlichkeitsbedingter Prozeß im Wechselspiel zwischen Lehrenden und Lernenden einschließlich ihrer sozialen Bedingtheiten; er ist also in seinen entscheidenden Momenten von personalen Faktoren bestimmt. An dieser fundamentalen Tatsache wird keine irgendwie geartete Änderung der Organisation und der Kompetenzen etwas ändern.

Für die Einhaltung gesetzlicher Vorschriften sind nicht allein die Handwerkskammern sondern auch staatliche Behörden zuständig. Letztere üben jedoch derzeit aus personellen Gründen oder aber wegen ungenauer gesetzlicher Regelungen aus verwaltungsrechtlichen Gründen außerordentliche Zurückhaltung.

Die Handwerkskammern bemühen sich insbesondere durch sachkundige Ausbildungsberatung um Information der Ausbildungsbetriebe und um Einhaltung der einschlägigen gesetzlichen Vorschriften.

Mängel, die zu Qualitätsunterschieden führen können, werden oft von der Handwerkskammer beseitigt, ohne daß ein förmliches Verfahren nach den Vorschriften des Berufsbildungsgesetzes in Gang gesetzt zu werden braucht.

Fehlende Lernziele

Behauptet wird: Die derzeitigen Ausbildungsordnungen und Rahmenlehrpläne in beruflichen Bildungsgängen nennen fast nur Inhalte und keine Lernziele.

Lernzielplanung ist eine junge wissenschaftliche Disziplin, die auch in anderen pädagogischen Bereichen Schwierigkeiten hat, Lernziele präzise zu formulieren. Lernziele wie „Verstehen“, „Beurteilen“, „Ordnen“, sind in der praktischen Ausbildung selbstverständliche Inhalte. Es muß deshalb nach wie vor als vernünftig und zweckmäßig angesehen werden, die Ausbildungsziele durch hinreichend klare Prüfungsanforderungen festzulegen.

Darin muß zugleich die unabdingbare Abstimmung der Berufsbildung mit dem Beschäftigungssystem ihren Niederschlag finden. Die Aufstellung von „Lernzielen“ kann im übrigen nicht Aufgabe von Rechtsverordnungen und damit von Ausbildungsordnungen sein, sondern muß durch „flankierende Maßnahmen“ mit oder nach Erlaß der Ausbildungsordnung erfolgen. Wissenschaftlich zu klären ist noch die Frage, ob nicht ein System differenzierter Lernziele, die bis zu der erfolgreichen Ablegung der Abschlußprüfung bzw. Zwischenprüfung führen sollen, erforderlich sein wird.

Das sachlich ungenügend fundierte Postulat kann nicht Grundlage für Änderung der Organisation und Kompetenzen sein.

Gesellschaftliche Anforderungen

Behauptet wird: Die Interessenstandpunkte der Betriebe fließen im Gegensatz zu anderen Bildungsbereichen zu stark in die Ausbildungsordnungen ein und berücksichtigen zu wenig die gesellschaftlichen Anforderungen als Grundlage für Gestaltung der Ausbildungsordnungen.

Die angeblich abträglichen Interessenstandpunkte der Träger der außerschulischen Berufsbildung decken sich weitgehend mit den Interessen der betroffenen Auszubildenden und der Gesellschaft.

Es muß klar gesehen werden, daß die auch vom Bildungsrat geforderte Abstimmung des Bildungssystems mit dem Beschäftigungssystem stets schwierige Frage der gegenseitigen Abgrenzung aufwerfen, die keinesfalls als unsachlicher und illegitimer „Einfluß“ inkriminiert werden dürfen.

Die vom Bundesministerium für Bildung und Wissenschaft beabsichtigte Änderung bringt im übrigen bestimmte Interessenstandpunkte und -konflikte keineswegs aus dem Spiel.

Die geforderte Analyse der beruflichen und gesellschaftlichen Anforderungen ist schließlich eine der Hauptaufgaben des 1969 neu geschaffenen Bundesinstituts für Berufsbildungsforschung. Die Forderung nach einer Änderung der Kompetenzen und der Organisation ist hieraus nicht zu rechtfertigen.

Die Organisationen der Wirtschaft haben sich durch ihre Mitarbeit bei der Erstellung von Ausbildungsordnungen darum bemüht, Ausbildungsinhalte auf die späteren Anforderungen des Berufes zum Nutzen aller Beteiligten und somit auch zum Nutzen der Gesellschaft auszurichten. Sie gründen auf jahrzehntelangen Erfahrungen, auf die eine erfolgreiche Ausbildungs- und Berufspraxis auch in Zukunft nicht verzichten kann. Die gesellschaftlichen Anforderungen in Ausbildungsordnungen sind dann erfüllt, wenn mit ihnen eine Ausbildung erreicht wird, die dem einzelnen Individuum für seine Berufstätigkeit und dem Bedarf der Gesellschaft an bestimmten Qualifikationen gerecht wird.

Abstimmung der Lerninhalte

Behauptet wird: Die unterschiedlichen curricularen und organisatorischen Zuständigkeiten haben bisher die Abstimmung der von den einzelnen Lernorten zu vermittelnden Lerninhalte erschwert und zu Reibungsverlusten geführt.

Das Beschäftigungssystem ist abhängig von der Wirtschaftsstruktur und ihrer Gliederung nach Bereichen. Würde die bisherige Verklammerung der beruflichen Bildung mit der Wirtschaft zugunsten anderer Organisationen aufgehoben, müßte eine neue Einheitsbehörde sich letztlich doch wieder nach Wirtschaftssektionen gliedern, ohne aber die bisherige Effizienz der Abstimmung der Berufsbildung mit dem Beschäftigungssystem der Wirtschaft zu erreichen.

Eine einzige zuständige Institution für alle Bildungsbereiche würde daher einer notwendigen Differenzierung in einzelnen Berufsbildungsbereichen nicht gerecht werden. Eine solche organisatorische Zusammenfassung der schulischen und außerschulischen beruflichen Bildung ist derzeit auch aus verfassungsrechtlichen Gründen nicht möglich.

Außerdem kann die geforderte Abstimmung durch Zusammenarbeit und Koordinierung der jetzt bestehenden Institutionen erreicht werden; es bedarf deshalb keiner neuen Institutionen. Als Beweis hierfür können die zum Teil auf Länderebene, zum Teil auf Bundesebene bereits bestehenden Koordinationsgremien genannt werden.

Soweit Mängel bisher dennoch auftreten, ist dies darauf zurückzuführen, daß die Träger der betrieblichen Ausbildung im Bereich der beruflichen Schulen keine Mitwirkungsrechte haben.

Finanzierungs- und Bildungsangebot

Behauptet wird: Die Finanzierung der außerschulischen beruflichen Bildung ist weitgehend von den Möglichkeiten und Bedürfnissen der einzelnen Betriebe abhängig, wodurch kein regional ausgewogenes und qualitativ ausreichendes Bildungsangebot für alle sichergestellt werden kann.

Es konnte bisher weder wissenschaftlich noch empirisch nachgewiesen werden, daß unmittelbare Zusammenhänge zwischen Finanzierungssystem und Qualität der betrieblichen Ausbildung bestehen.

Das bisher entwickelte System der gemischten Finanzierung aus Eigenmitteln der Wirtschaft und öffentlichen Mitteln hat sich im Prinzip bewährt. Personale Faktoren in der Berufsausbildung bleiben nach wie vor entscheidend, und zwar unabhängig von der Form der Finanzierung.

Die große Zahl an Ausbildungsplätzen in der Wirtschaft, die sich auch durch Statistiken der Bundesanstalt für Arbeit belegen läßt, beweist, daß seitens der Wirtschaft auch ohne neues Finanzierungssystem ein regional ausgewogenes und quantitativ ausreichendes Bildungsangebot besteht.

Rollenkonflikt der Kammerorganisationen

Behauptet wird: Die Kammern und ihre Organisationen treten auf Bezirksebene als öffentlich rechtliche Einrichtung, auf Bundesebene als Arbeitgebervertreter auf, woraus sich ein Rollenkonflikt ergibt.

Der behauptete „Rollenkonflikt“ besteht nicht. Die Kammern als Teile der staatsmittelbaren Verwaltung (Körperschaften des öffentlichen Rechts) sind durch den Gesetzgeber im Grunde sinnwidrig auf die Arbeitgeberbank gesetzt worden. Grundsätzlich haben die Kammern als vom Staat beauftragte Bindeglieder in der Abstimmung des beruflichen Bildungswesens mit dem Beschäftigungssystem in der Wirtschaft funktioniert. Es ist bisher völlig ungeklärt, ob andere Organe staatsmittelbarer Verwaltung diese Funktion besser wahrnehmen können. Auf dem Gebiete der beruflichen Bildung werden im übrigen alle wesentlichen Entscheidungen durch paritätisch aus Arbeitgebern und Arbeitnehmern besetzten Berufsbildungsausschüssen getroffen.

Gesetz, Satzung und statutarisches Recht der Handwerkskammern unterliegen im Vollzug der Rechtsaufsicht der obersten Landesbehörde und lassen einseitige Interessenvertretungen nicht zu.

Integration von beruflicher und allgemeiner Bildung

In der bildungspolitischen Diskussion wird insbesondere aus gesellschaftspolitischen und ideologischen Gründen die Integration von beruflicher und allgemeiner Bildung angestrebt. Hierzu wurden Modelle für eine *Gesamtschule* entwickelt.

Volle Integration setzt Gleichartigkeit und Gleichwertigkeit der Bildungsinhalte voraus. Die Bildungsinhalte auf dem Sektor der beruflichen Bildung sind so stark differenziert, daß eine Einbeziehung in ein Gesamtschulsystem nicht möglich ist. Die Integration schafft zwangsläufig eine gefährliche Distanz zur Berufs- und Arbeitswelt. In allen Ländern, in denen bisher eine Integration versucht wurde, ging dies auf Kosten der beruflichen Bildung. Außerdem konnte in diesen Ländern das Problem des Nachwuchses an Facharbeitern und Führungskräften nicht gelöst werden. Länder mit integriertem Bildungssystem weisen eine wachsende Zahl an jugendlichen Arbeitslosen auf (z. B. Italien, Schweden, USA). Die angebliche Chancengleichheit führte in den Ländern, in denen Versuche in der genannten Richtung durchgeführt wurden, in Wirklichkeit zu einer Minderung der Chancen im Berufsleben und zwar dadurch, daß innerhalb der integrierten Bildungseinrichtungen die Masse der Schüler allgemeine Bildungsabschlüsse anstrebten, die einerseits zu einem Überangebot allgemeiner Qualifikationen und andererseits zu einem Mangel an qualifizierten Fachkräften führte.

Organisationsreform

Wesentliche Zielvorstellungen zur Reform der beruflichen Bildung beziehen sich auf die künftige Organisationsstruktur. Dabei werden im wesentlichen das „Schulmodell“ und das „Verstaatlichungsmodell“ diskutiert. Das Handwerk nimmt zu diesen Modellvorschlägen wie folgt Stellung:

Schulmodell

Dieses Modell wird vom Handwerk abgelehnt, weil
— der Lebens- und Praxisbezug nicht hergestellt werden kann
— die notwendige Lernmotivation bei schulmüden Jugendlichen nicht erreicht werden kann,
weil im übrigen folgende Voraussetzungen fehlen:
— Ausbildungswerkstätten
— Schulräume
— Unterrichtsmittel
— Lehrer und Ausbilder
— Finanzielle Mittel.

Verstaatlichungsmodell

Dieses Modell wird aus folgenden Gründen entschieden abgelehnt:

— Das demokratische Strukturprinzip geht vom Grundsatz der Subsidiarität aus.
— Die mit der Verstaatlichung zwangsläufig verbundene Bürokratisierung hindert eine Weiterentwicklung der Berufsausbildung im Sinne einer dynamischen Anpassung an Technik, Wirtschaft und Gesellschaft.
— Die Einflußnahme der Wirtschaft wird ständig abgebaut und stellt zum Schluß nur noch eine theoretische Möglichkeit dar. Dies gilt sowohl für die Kammern, als auch für Arbeitgeber- und Arbeitnehmer-Organisationen. Die Aktivierung der Wirtschaft für die Berufsausbildung würde dadurch erheblich erschwert. Die Diskrepanz zwischen Ausbildungsergebnis und praktischer Umsetzbarkeit würde unerträglich groß.

— Bürokratische Auflagen über Planung und Durchführung der Ausbildung werden zunächst zu großen Schwierigkeiten und schließlich zur totalen Ablehnung der Ausbildung durch die Betriebe führen.
— Die Autorität bzw. Überzeugungskraft der Selbstverwaltungsorgane der Wirtschaft ist erfahrungsgemäß größer als die anonymer staatlicher Institutionen.
— Die Arbeit von einigen hunderttausend Mitarbeitern in der beruflichen Ausbildung kann nicht auf staatliche Institutionen übertragen werden. Die in Jahrzehnten gewachsene Partnerschaft zwischen Ausbildungsbetrieben und ihren Selbstverwaltungsorganen kann nicht auf staatliche Behörden übertragen werden.
— Die freie Entscheidungsmöglichkeit des einzelnen über den Lernort Betrieb und den Ausbilder würde beseitigt, die Verstaatlichung der Berufsausbildung führt zwangsläufig zu einer „Bildungsplanwirtschaft".
— Die Verstaatlichung und die daraus entstehenden Konsequenzen würden das Grundrecht der freien Berufswahl und Berufsentfaltung nach Art. 12 des Grundgesetzes gefährden.
— Es führt zu einem Bildungsmonopol des Staates mit allen Konsequenzen.
— Ein staatliches Berufsbildungssystem ist mit den Grundsätzen der Marktwirtschaft nicht vereinbar.

Finanzierung

Zur Finanzierung von Reformmaßnahmen wird die Errichtung eines zentralen Fondssystems diskutiert. Ein zentraler Fonds ist jedoch kein geeignetes Instrument für die Lösung der Finanzierungsprobleme der beruflichen Bildung. Er führt zwangsläufig zu einer verstärkten Bürokratisierung und verschlingt durch die Fondsverwaltung einen erheblichen Teil seiner Mittel. Strukturelle und regionale Besonderheiten könnten in einem Zentralfonds zu wenig berücksichtigt werden.

Das vorgeschlagene einheitliche Akkreditierungsverfahren, das der Fondsverwaltung übertragen werden soll, würde die unterschiedlichen Eignungskriterien einzelner Wirtschaftszweige und -Branchen nicht ausreichend berücksichtigen können.

Bei Anwendung überspitzter Maßstäbe des schulischen und gesellschaftlichen Bereichs besteht die Gefahr, daß eine Reihe von Klein- und Mittelbetrieben in der Berufsausbildung ausgeschaltet würde. Eine Reduzierung des Angebots an Ausbildungsplätzen wäre die zwangsläufige Folge, was zu einer Gefährdung der Ausbildung für viele Jugendliche und zu einem Rückgang kleiner, aber volkswirtschaftlich wichtiger Berufe führen müßte.

Die aus einem zentralen Fondssystem sich zwangsläufig ergebenden bildungsplanwirtschaftlichen Gesichtspunkte sind nicht mit den Prinzipien eines freien Gesellschafts- und Wirtschaftssystems vereinbar.

Vorschläge des Handwerks zur Reform der beruflichen Bildung

Vorberufliche Bildung und Berufsberatung

Im Bereich der vorberuflichen Bildung ist der Berufs- und Wirtschaftskunde sowie der Berufsberatung ein großer Stellenwert einzuräumen. Dies setzt eine intensivere Berufs- und Arbeitsmarktforschung voraus. Eine engere Zusammenarbeit zwischen Wirtschaft und Schule auf dem Gebiet der Berufs- und Wirtschaftskunde ist notwendig. Die Methoden der Berufsberatung sind weiter zu entwickeln.

Berufliche Ausbildung

Curriculare Verzahnung

Die Intensivierung der Ausbildung setzt eine bessere curriculare Verzahnung zwischen Schule und Betrieb voraus. Dafür muß der Wirtschaft ein Mitwirkungsrecht bei der Gestaltung der Rahmenlehrpläne für die Berufsschulen eingeräumt werden. Für diese Zusammenarbeit sind keine neuen Institutionen notwendig. Sie kann durch Zusammenwirken der beteiligten Kreise auf Bundes- und Landesebene erreicht werden. Kriterien für die globale Steuerung dieser Maßnahmen sollte der Bundesausschuß für Berufsbildung erarbeiten. Die berufsspezifischen Curricula sind unter Einschaltung des Bundesinstitutes für Berufsbildungsforschung, der Spitzenorganisationen der Wirtschaft, der Fachverbände, der Gewerkschaften und der Lehrerverbände zu entwickeln. *Das Verabschiedungsverfahren für die Ausbildungsordnungen und die Rahmenlehrpläne ist erheblich zu beschleunigen.*

Berufsgrundbildungsjahr

Zur Intensivierung der Berufsgrundbildung ist die Einführung eines Berufsgrundbildungsjahres anzustreben. Die Berufsgrundbildung kann sowohl in der Organisationsform des *Berufsgrundschuljahres* als auch in *kooperativen Organisationsformen* (Betrieb, Schule, überbetriebliche Unterweisungswerkstätten) durchgeführt werden.

Die derzeit bestehende Berufsfeldeinteilung läßt in der Mehrzahl der Berufsfelder keine Berufsgrundbildung zu, die als Basis für die anschließende Fachausbildung genügend abgesichert ist. *Die Berufsfeldeinteilung ist unverzüglich neu zu ordnen.*

Neben der Durchführung des Berufsgrundbildungsjahres in Berufsfeldern muß für Berufe, die sinnvoll einem Berufsfeld nicht zugeordnet werden können (Monoberufe), ein Berufsgrundbildungsjahr im Einzelberuf oder in Berufsfachschulen möglich sein. In allen Fällen muß der Anteil der fachpraktischen Ausbildung im Berufsgrundbildungsjahr einen nahtlosen Übergang zur anschließenden Fachausbildung gewährleisten.

Maßnahmen zur Intensivierung der betrieblichen Berufsausbildung

Insbesondere ist vordringlich:

— Intensivierung der berufspädagogischen Ausbildung der Ausbilder
— Förderung der betrieblichen Ausbildungsarbeit durch die Ausbildungsberater
— Verstärkte überbetriebliche Unterweisung zur Intensivierung und Ergänzung der betrieblichen Ausbildung
— Abstimmung zwischen betrieblicher und überbetrieblicher Ausbildung in Form des systematischen Lernens und der übenden Anwendung

— Abstimmung zwischen betrieblicher und schulischer Ausbildung durch Festlegung der Lerninhalte für die beiden Bereiche
— Entwicklung moderner Ausbildungsprogramme und Ausbildungsmittel.

Maßnahmen zur Verbesserung der Berufsschule

Insbesondere ist vordringlich:

— Erweiterung der Ausbildungskapazitäten der Berufsschulen
— Verstärkte und moderne Lehrerausbildung und Lehrerfortbildung
— Strukturelle Verbesserungen im Bereich der Berufsschule durch Schaffung leistungsfähiger Schuleinheiten mit aufsteigenden Fachklassen
— Verstärkter Einsatz von Fachlehrern
— Vermehrung der Planstellen für technische Assistenten
— Einführung der Blockbeschulung nach Möglichkeit in der Form des betriebsbezogenen Phasenunterrichts. Dabei ist nach den Erfordernissen einzelner Berufe hinsichtlich der Festlegung und des Umfanges der einzelnen Blöcke zu differenzieren
— Errichtung von überregionalen Berufsschulen für zahlenmäßig kleine, aber volkswirtschaftlich wichtige und unentbehrliche Berufe
— Finanzierung der Internatskosten und der Kosten der Schulwege durch die Ausbildungsförderung
— Anpassung und Entwicklung neuer Lehr- und Lernmittel

Beratung und Kontrolle

Kontrolle und Beratung müssen getrennt voneinander ausgeübt werden. Die Kontrollaufgaben sind staatlichen Institutionen zuzuordnen. Sie sollten von der höheren Verwaltungsbehörde, die bereits für die Entziehung der Ausbildungsbefugnis zuständig ist, vorgenommen werden.

Die Beratung im Sinne einer sachkundigen Hilfestellung für die Ausbildungsbetriebe und die Auszubildenden ist Sache der Kammern.

Zwischen- und Abschlußprüfungen

Die Prüfungsausschüsse werden als Organe der Handwerkskammern nach den Bestimmungen des Berufsbildungsgesetzes und bundeseinheitlicher Prüfungsordnungen errichtet. Die Rechtsaufsicht führt die zuständige oberste Landesbehörde. Im Hinblick auf die erwünschte regionale Nähe des zu Prüfenden und des Prüfungsausschusses sowie des notwendigen fachlich technischen Sachverstandes und der vorhandenen organisatorischen Einrichtungen können auch leistungsfähige Innungen zur Errichtung von Prüfungsausschüssen und zur Abnahme von Prüfungen ermächtigt werden.

Die Durchführung der Prüfungen hat in partnerschaftlicher Zusammenarbeit zwischen Arbeitgebern, Arbeitnehmern und Berufsschullehrern (Partizipations- und Integrations-Grundsatz) zu erfolgen. Nach Möglichkeit ist eine überregionale Aufgabenstellung auf Landesebene anzustreben (Konzentrationsgrundsatz).

Zuständigkeit und Organisation

Die Kammern sind zuständig für alle verwaltenden, beratenden und fördernden Aufgaben in der Berufsbildung. Sie unterliegen insoweit der Rechtsaufsicht des Landes.

Die Kammern gewährleisten in enger Verzahnung mit den Fachorganisationen eine praxisnahe fachbezogene Ausbildung sowie Prüfung. Das duale System kann im Hinblick auf die gegenseitigen Verflechtungen zwischen den einzelnen Lernorten nur auf der Grundlage der Selbstverwaltung funktionieren. Die Autorität bzw. die Überzeugungskraft der Selbstverwaltungsorgane der Wirtschaft ist erfahrungsgemäß größer als die anonymer staatlicher Institutionen. Die große Anzahl an Ausbildern und ehrenamtlich in der Ausbildung tätigen Personen kann nur bei Aufrechterhaltung dieses Systems ihre Aufgaben erfüllen und zu einer weiteren Verbesserung der Berufsausbildung beitragen. Ihre Tätigkeit kann auf Grund der gegebenen Sachzusammenhänge nicht auf andere Organisationsformen übertragen werden. Jede Änderung der Zuständigkeit würde somit zu einer Überwindung des dualen Systems der

Berufsausbildung mit allen nachteiligen Konsequenzen für die Wirtschaft und den einzelnen führen. Aus diesen Gründen wird das diskutierte Modell *eigener Berufsbildungskammern* ebenso *abgelehnt*, wie eine Zuordnung der Berufsbildung zu einer Bundesanstalt für Arbeit und Berufsbildung oder staatlichen Ämtern für Berufsbildung. Die Schaffung eines kostspieligen bürokratischen Organisationsüberbaus ist keine notwendige Voraussetzung für eine wirksame Reform. Er würde die für die innere Reform der beruflichen Bildung dringend notwendigen finanziellen Mittel weitgehend verschlingen sowie die unabdingbare eigene Initiative und Flexibilität im Bereich der beruflichen Bildung folgenschwer beeinträchtigen. Würde man den jetzt zuständigen Stellen und dem genannten Personenkreis das bisherige Vertrauen entziehen, würde dies zu unüberbrückbaren Schwierigkeiten und zur Gefährdung der Ausbildung der berufstätigen Jugend führen.

Finanzierung

Zur Finanzierung der Berufsbildung vertritt das Handwerk die Auffassung, daß zunächst der Endbericht der Sachverständigenkommission abgewartet werden muß. Vor allem ist der Bericht auf einen wissenschaftlich fundierten Nachweis zu prüfen, ob zwischen einer Änderung der derzeitigen Finanzierung der Berufsbildung und einer Qualitätsverbesserung ein kausaler Zusammenhang besteht. Die Schaffung eines zentralen Fonds wird abgelehnt, weil er zwangsläufig zu einer verstärkten Bürokratisierung und Unbeweglichkeit sowie zu einer „Bildungsplanungswirtschaft" führt.

Das Handwerk, das bereits erhebliche Mittel in die Ausbildung investiert, ist auch in Zukunft bereit, die erforderlichen Eigenmittel für die Erweiterung der überbetrieblichen Ausbildung, für die Einrichtung von Studienzentren und weitere Maßnahmen aufzubringen, die der kontinuierlichen Verbesserung der praktischen und theoretischen Ausbildung auf der Ebene der Betriebe dienen. Es erwartet, daß sich die öffentliche Hand gemäß ihrer ständigen Betonung der Gleichrangigkeit beruflicher Bildung und anderer Bildungsbereiche in wesentlich stärkerem Maße auch finanziell engagiert als bisher.

b) Deutscher Industrie- und Handelstag, DIHT-Markierungspunkte zur beruflichen Bildung vom 5. November 1973

A. Grundsätze der Reform

I. Wer die Reform und die Weiterentwicklung des beruflichen Bildungswesens will, muß davon ausgehen, daß sich in Deutschland wesentlich früher und umfassender als in allen anderen westlichen Industriestaaten ein eigenständiges Berufsbildungswesen entwickelt hat.

— Der fortschreitenden Arbeitsteilung in der modernen Industriegesellschaft entspricht ein horizontal und vertikal aufgebautes (schulische und praktische Ausbildungsformen miteinander verklammerndes) Ausbildungssystem.

— Infolgedessen haben fast alle Bereiche des sozialen und wirtschaftlichen Lebens in großer Vielfalt eigene Ausbildungsformen (Abschlüsse) entwickelt: z. B. die öffentliche Verwaltung, das öffentliche Verkehrswesen, die Post, die Landwirtschaft, Industrie und Handel, das Handwerk, die Justiz.

— Dieses hochdifferenzierte berufliche Bildungswesen erstreckt sich von der betrieblichen Lehre, der ausbildungsbegleitenden Berufsschule über die Fachschule bis hin zur Hochschule.

Die Vielfalt des beruflichen Bildungswesens in Deutschland schließt die intensive Verbindung der einzelnen Ausbildungsformen ein. Das „duale System“ ist nur ein Teil dieses Ausbildungssystems.

Das allgemeine Schulwesen hat im Blick auf das berufliche Bildungswesen eindeutig einen vorbereitenden und zuleitenden Charakter angenommen.

II. Die Reform und die Weiterentwicklung des beruflichen Bildungswesens haben nur dann Aussicht auf Erfolg, wenn die Eigenständigkeit der beruflichen Bildung und die Verflochtenheit der einzelnen beruflichen Bildungsgänge als Bezugsrahmen der staatlichen Berufsbildungspolitik angesehen werden.

Eine Berufsbildungspolitik, die darauf abzielt, die berufliche Bildung dem allgemeinen Schulwesen zu unterwerfen, wird nicht nur außerordentlich kostspielig. Sie stellt auch ihren Planungserfolg in Frage. Die Neigung, das Abitur zum Mittelpunkt des neuen Berechtigungswesens zu machen, ist gleichbedeutend mit dem Abbau sozialer Chancengerechtigkeit.

III. Gerade die Eigenständigkeit des beruflichen Bildungswesens garantiert der Reform Chancengleichheit, soziale Gerechtigkeit und Durchlässigkeit der beruflichen Bildung.

Eine Berufsbildungsreform hingegen, die übersieht, daß das gegenwärtige Berufsbildungswesen sich aus der Vielfalt unserer Berufsgesellschaft heraus entwickelt hat, kann weder ihre pädagogischen noch ihre gesellschaftspolitischen Ziele erreichen.

IV. Vor diesem Hintergrund sind für eine sinnvolle Berufsbildungsreform des Staates folgende Prinzipien unbedingt zu beachten:

1. Das Prinzip der Eigenständigkeit der Berufsbildung.

2. Die Angepaßtheit der Berufsbildung an die Entwicklung in den sozialökonomischen Bereichen, in denen der Beruf ausgeübt wird.

— Dieses Prinzip verlangt, daß die Fachressorts, in deren Verantwortlichkeit die Berufe später ausgeübt werden, für die Ordnung und Weiterentwicklung der beruflichen Bildung kompetent bleiben (Fachministerprinzip).

— Die Differenzierung des Berufsbildungswesens verlangt aber auch eine größere Transparenz als bisher und überall dort mehr Koordination, wo das möglich und gerechtfertigt ist. In diesem Rahmen muß die Zuständigkeit des BMBW ausgeübt werden. Eine zentralistische Planung der Berufsbildung hingegen, die sich nach dem Leitbild des allgemeinen Schulwesens (Schule = Schule) richtet, gefährdet den persönlichen, sozialen und wirtschaftlichen Erfolg des Berufsbildungssystems wie des Auszubildenden.

3. Die Interdependenz der beruflichen Bildungsgänge.

Interdependenz des beruflichen Bildungswesens bedeutet ihre Abhängigkeit von der beruflichen Praxis in sozialer, ökonomischer und technischer Hinsicht. In dieser Interdependenz liegt aber auch die entscheidende Garantie des beruflichen Bildungswesens für Chancengerechtigkeit, für den sozialen Aufstieg und für die öffentlich anerkannte Leistung eines Berufs. Deshalb stellt sie auch den entscheidenden Ansatzpunkt für eine realistische Reform des beruflichen Bildungswesens dar. Es kommt nicht auf die Unterwerfung der Berufsbildung unter die Prinzipien der allgemeinbildenden Schulen an, als vielmehr darauf, daß das wissenschaftliche, verwaltungstechnische und berufspädagogische Instrumentarium reformiert wird, mit dem das berufliche Bildungswesen den Forderungen nach Qualifizierung und Humanisierung in der Arbeitswelt besser gerecht werden kann.

4. Verflechtung des allgemeinbildenden Schulwesens mit der Berufsbildung.

Das Berufsbildungswesen ist in allen Bereichen so auszubauen, daß es in jeder Stufe Möglichkeiten der beruflichen Qualifizierung bietet. Es muß für den entsprechend begabten Jugendlichen möglich sein, mit dem Abschluß der Hauptschule die Ausbildungswege der Hochschule zu erreichen. Dabei ergibt sich im Vergleich zum allgemeinbildenden Schulwesen der Vorteil, daß jede Ausbildungsstufe ihre besondere berufliche Qualifikation gewährt.

5. Zentrales Ordnungsprinzip der Berufsbildung ist ihre Einheitlichkeit.

Bundeseinheitlichkeit heißt aber nicht zentralistische Steuerung. Die bundeseinheitliche Regelung hat die rechtlich, ökonomisch und sozial entscheidende Anerkennung sowie die Durchlässigkeit, Flexibilität und Mobilität aller beruflichen Abschlüsse sicherzustellen. Zur Sicherung dieses bundeseinheitlichen Rahmens ist die zentrale Koordinierung auf Bundesebene erforderlich — nicht dagegen aber die Planung, Steuerung und Kontrolle.

6. Die Beteiligung der gesellschaftlichen Gruppen in der Berufsbildung ist keine Frage der Mitbestimmung.

Dieses Prinzip muß im Blick auf die Tatsache beachtet werden, daß die berufliche Bildung nicht Gegenstand des sozialen Konflikts bzw. der sozialen Parität ist. Die Beteiligung der sozialen Gruppen auf allen Ebenen der Planung, Steuerung, Koordinierung und der rechtlichen Normierung ist aber ein selbstverständliches Erfordernis, das sich aus der unmittelbaren Ausbildungs- und Berufspraxis ergibt. Deshalb darf die Berufsbildungsreform auf keinen Fall in erster Linie eine Frage der Machtverteilung zwischen Staat, Gewerkschaften, Unternehmerverbänden, Kammern, Lehrern und Betrieben sein.

7. Die Aufgaben des Ausschußwesens sind danach in erster Linie unter dem Gesichtspunkt der fachlichen Beratung, Koordinierung und der Information zu sehen.

Der Erfolg der beruflichen Bildung würde dagegen in Frage gestellt, wenn sich die Ausschüsse für die Berufsbildungsfragen auf Bundes-, Landes- und Regionalebene als politische Instanzen verstünden, die Verwaltungskompetenzen wahrzunehmen hätten.

8. Das Bundesinstitut für Berufsbildungsforschung ist die zentrale Entwicklungs- und Koordinierungsstelle für das berufliche Bildungswesen.

Die Einbeziehung des Instituts in die Verwaltung eines Bundesressorts (etwa des BMBW) sollte unter dem Gesichtspunkt der effizienten Verwaltung, d. h. auch der möglichst praxisnahen und anwendungsbezogenen Forschung, erfolgen, falls es nicht von Bund und Ländern gemeinsam errichtet wird.

Viel wichtiger ist aber, daß das Institut mit der Entwicklung und ständigen Anpassung der Ausbildungsordnungen die entscheidenden Steuerungselemente für die Berufsbildung zur Verfügung stellt. Die Ausbildungsordnungen können aber ihre Funktion als Steuerungselemente für die weitgespannte und differenzierte Berufsbildung nur erfüllen, wenn in ihnen auch der Anteil der schulischen Ausbildung — bis hin zur Vorschrift des Besuchs der beruflichen Vollzeitschule — festgelegt wird.

Außerdem sind die Ausbildungsordnungen so auszuarbeiten, daß sie die Weiterbildungs- und sonstigen beruflichen Aufstiegsmöglichkeiten andeuten. Dies alles trägt ganz entscheidend dazu bei, daß der Jugendliche, seine Eltern, aber auch der Betrieb anhand der Ausbildungsordnung die Ausbildungswege auswählen können.

Für die Entwicklung der Ausbildungsordnungen ist beim Bundesinstitut ein Ausschußwesen zu installieren, in dem alle fachlich interessierten und verantwortlichen Gruppen vertreten sind. Das bedeutet aber, daß für die Besetzung dieser „Fachausschüsse" in erster Linie Kriterien der Ausbildungspraxis und nicht der politischen Gruppenrepräsentanz maßgeblich sein sollen.

9. Der Erfolg der angestrebten Berufsbildungsreform ist vom Ausbau des beruflichen Schulwesens abhängig.

Diese Forderung bezieht sich nicht nur auf die berufliche Teilzeitschule (Berufsschule), sondern auf alle beruflichen Schulen, wie die Berufsfachschulen, die Fachoberschulen, die Fachschulen, die Fachhochschulen. Der Ausbau dieses weit gefächerten und differenzierten Berufsschulwesens soll die Durchlässigkeit und damit die Aufstiegsmöglichkeiten von der Hauptschule über die betriebliche Ausbildung bis hin zur akademischen Berufsbildung erweitern.

Vordringlich ist allerdings, daß die gegenwärtig großen Mängel im beruflichen Schulwesen beseitigt werden. Dazu gehören: Die beschleunigte Besetzung offener Planstellen für Berufsschullehrer (gegenwärtig 15.000), der Ausbau und die Weiterentwicklung des Berufsgrundbildungsjahres (dazu sind mindestens weitere 10.000 Lehrer erforderlich), die Errichtung von überbetrieblichen Lehrwerkstätten. — Diese vordringlichen Maßnahmen müssen im Rahmen einer weitgespannten Berufsbildungsreform durch einen detaillierten Stufenplan, der in zeitlicher Aufgliederung genaue Auskunft über die Finanzierung und den Personalausbau gibt, abgesichert werden.

Nur durch den beschleunigten Ausbau des beruflichen Schulwesens an der Basis — d. h. an der Gelenkstelle zwischen

Hauptschule, Berufsschule, Berufsgrundbildungsjahr — kann eines der schwersten bildungspolitischen Reformprobleme, nämlich die hohe Zahl von Jugendlichen eines Jahrgangs ohne Hauptschulabschluß (27 %), in Angriff genommen werden. Denn die außerordentlich hohe Quote der Jugendlichen ohne Hauptschulabschluß ist weniger auf einen Lehrermangel an der Hauptschule oder gar auf Versagen der Hauptschullehrerschaft zurückzuführen. Viel eher scheint es diesen schulschwachen Jugendlichen an geeigneten Ausbildungswegen praxisbezogener Art zu fehlen.

Ohne eine exakte Planung zur Beseitigung dieser Mängel ist heute kein Reformvorhaben ernstzunehmen.

B. Einzelheiten der Reform

I. Ausbildungs- und Berufsberatung

Der Berufsberatungsdienst ist qualitativ und quantitativ so auszubauen, daß jeder Jugendliche umfassend über Bildungs- und Berufsmöglichkeiten und seine individuelle Eignung informiert werden kann.

Im Interesse einer zukunftsgerechten und an den Neigungen und Fähigkeiten des einzelnen Jugendlichen orientierten Ausbildung sollen alle Schüler vom Beginn des 7. Bildungsjahres an über Arten, Aufbau und Chancen der Ausbildungswege und Berufsbereiche unterrichtet werden. Im letzten Schuljahr sollen sie eine individuelle Bildungs- und Berufsberatung erhalten. Gleichzeitig ist darauf hinzuwirken, daß möglichst viele Erziehungsberechtigte von dem Informationsangebot der Ausbildung- und Berufsberatung Gebrauch machen.

Neben der Neigung soll auch die Eignung des Jugendlichen die Berufswahl mitbestimmen. Die Vielfalt der Ausbildungsberufe mit ihren sehr unterschiedlichen Anforderungen erfordert neben einer fundierten Beratung das Angebot an jeden Jugendlichen, sich einer Eignungsuntersuchung zu unterziehen, die mindestens Eignung oder Nichteignung für bestimmte Berufsfelder objektiv feststellt.

II. Ausbildungsvorschriften

Ausbildungsordnungen dürfen künftig nur erlassen werden, wenn gleichzeitig in allen Ländern ein darauf abgestimmter Rahmenlehrplan für die Berufsschulen in Kraft gesetzt wird.

Für die Berufsausbildung in Betrieb und Schulen gelten grundsätzlich gleiche Ausbildungsziele. Die Eigengesetzlichkeit von betrieblicher und schulischer Ausbildung ist zu wahren. Die Vorteile des Betriebes als Ausbildungsstätte sind zu erhalten und nicht durch solche Vorschriften aufzuheben, die schulischen Formen des Lernens entsprechen.

Ausbildungsordnungen und Rahmenlehrpläne sind inhaltlich aufeinander abzustimmen. Bei der Festlegung der Ausbildungsanteile von Betrieb und Schule sind die speziellen Erfordernisse der einzelnen Berufe und die speziellen Möglichkeiten betrieblicher und schulischer Ausbildung zu berücksichtigen. Dabei darf Theorie nicht mit Schule und Praxis nicht mit Betrieb gleichgesetzt werden. Die bundeseinheitliche Geltung der Ausbildungsordnungen als wichtigster Ordnungsfaktor für die Ausbildung im Betrieb ist unabdingbar. Durch die Angabe von Lernzielen in den Ausbildungsordnungen sind die zu erreichenden Qualifikationen eindeutig zu bestimmen.

III. Grundbildung und Fachbildung

Eine Anrechnung des schulischen Berufsgrundbildungsjahres auf die Ausbildung kann nur für einzelne Berufsfelder verordnet werden. Die inhaltliche Abstimmung zwischen Ausbildungsordnungen und Rahmenlehrplänen muß abgeschlossen und die allgemeine Einführung für das Berufsfeld im Bundesgebiet sichergestellt sein.

Vom Ausbildungsziel und den davon abgeleiteten Anforderungen in Fachtheorie und betrieblicher Praxis hängt die Ausbildungsdauer ab, die für jeden Ausbildungsberuf einzeln zu ermitteln ist.

Jeder berufliche Ausbildungsgang ist in berufliche Grundbildung und eine darauf aufbauende berufsqualifizierende Fachbildung zu gliedern. Zwischen ihnen bestehen so enge inhaltliche Beziehungen, daß sie beide dem Sekundarbereich II (Oberstufe) zuzuordnen sind.

Berufliche Grundbildung sollte grundsätzlich berufsfeldbezogen sein. Die Zahl der Berufsfelder muß vermehrt werden. Berufsbezogene einschl. fachpraktischer Bildungsinhalte müssen einen Umfang haben, der die Anrechnung auf die Ausbildungszeit rechtfertigt. Die allgemeinen Bildungsinhalte haben auf dem Hauptschulabschluß aufzubauen; Sonderformen können zum Hauptschulabschluß führen.

Die Ausbildungsinhalte des Berufsgrundbildungsjahres können in Betrieb und Schule gemeinsam, aber auch in Vollzeitschulen, gegebenenfalls mit Betriebspraktika, vermittelt werden. Eine enge Kooperation mit der ausbildenden Wirtschaft ist in jedem Fall erforderlich, um den reibungslosen Übergang zur Fachbildung sicherzustellen.

Die berufliche Fachbildung muß sich differenzieren nach den Ausbildungszielen. Diese haben sich an beruflichen Tätigkeiten zu orientieren, die bei einem Wechsel des Arbeitsplatzes die Mobilität gewährleisten und die Basis für eine berufliche Fortbildung bilden können.

Berufliche Fachbildung wird in der Regel im Betrieb durchgeführt. Sie hat in zunehmender Intensität die Eingliederung in den Betriebsablauf vorzunehmen. Das Ausbildungspersonal soll dementsprechend fachlich besonders qualifiziert und mit berufs- und arbeitspädagogischen Grundkenntnissen vertraut sein. Vollzeitberufsschulen können die Fachbildung für bestimmte Ausbildungsberufe übernehmen.

Auf gestufte Ausbildungsordnungen sollte verzichtet werden, wenn in curricularer Abstimmung ein Berufsgrundbildungsjahr inhaltlich geregelt und eingeführt ist. An ihre Stelle könnte ein Bausteinsystem treten, wenn Versuche damit Erfolg haben.

IV. Überbetriebliche Ausbildungsstätten

Überbetriebliche Ausbildungsstätten können nur in enger Anlehnung an die regionale Wirtschaftsstruktur bedarfsgerecht errichtet werden.

Überbetriebliche Ausbildungsstätten haben die Grund- oder Fachbildung im Betrieb zu ergänzen, wenn Struktur oder Organisation das erfordern. Sie bilden deshalb unter ähnlichen Bedingungen aus und unterliegen den gleichen Anforderungen.

Die überbetrieblichen Ausbildungsstätten sollen auch für Umschulungs- und Fortbildungsmaßnahmen zur Verfügung stehen.

V. Berufsschulen

Bei der gegenwärtigen Berufsschulmisere muß der Teilzeitberufsschule Vorrang gegenüber dem Ausbau anderer Zweige des beruflichen Schulwesens — auch der Berufsgrundschule — zukommen.

Die Teilzeitberufsschulen sind über den im Bildungsgesamtplan vorgesehenen Rahmen hinaus finanziell und personell so auszustatten, daß sie ihren Anteil an der beruflichen Ausbildung erfüllen können. Auch für den Pflichtunterricht ist der Lehrermangel zu beseitigen, angemessener Schulraum und notwendiges technisches Unterrichtsmaterial zu beschaffen.

Die Berufsschulen sind zu größeren Einheiten zusammenzufassen. Dadurch können für zahlenmäßig schwächere Berufe aufsteigende Fachklassen gebildet werden, das Berufsgrundbildungsjahr kann für mehrere Berufsfelder angeboten und Blockunterricht durchgeführt werden.

Der Blockunterricht kann eine Möglichkeit zur Verbesserung der Ausbildung sein. Vor der allgemeinen Einführung sind jedoch die Versuche fortzusetzen und wissenschaftlich auszuwerten. Dabei sind pädagogische und organisatorische Aspekte zu berücksichtigen.

Lehrer an Berufsschulen sollten grundsätzlich Fachlehrer sein. Für Praktiker aus der Wirtschaft mit pädagogischer Neigung sind die laufbahnmäßigen Voraussetzungen für eine Übernahme in den Schuldienst zu schaffen.

VI. Prüfungswesen

Prüfungsordnungen sind als Rechtsverordnungen des Bundes zu erlassen. Sie sollen objektivierte (programmierte) Prüfungen verbindlich vorschreiben und auf mündliche Prüfungen verzichten, wenn diese nicht wegen der Besonderheiten des Berufes erforderlich sind.

Die Ausbildungs-Abschlußprüfung hat festzustellen, ob und in welchem Umfang die Kenntnisse und Fertigkeiten erworben wurden, die für eine selbständige Tätigkeit im Beruf nötig sind. Leistungen während der Ausbildung in Betrieb und Berufsschule werden nach ihrer Bedeutung für das Ausbildungsziel in die Gesamtbeurteilung aufgenommen.

Bundeseinheitlich geltende Ausbildungsziele erfordern bundeseinheitliche Prüfungsaufgaben. Sie müssen die in Betrieb und Schule zu vermittelnden Ausbildungsinhalte umfassen.

Die Beauftragten der Arbeitgeber, der Arbeitnehmer und der Lehrer an berufsbildenden Schulen wirken ausschließlich auf Grund ihrer Fachkompetenz bei den Prüfungen mit. Die Beteiligung an der Ausbildung ist nicht Voraussetzung für die Mitwirkung.

Zwischenprüfungen müssen erkennen lassen, ob Planung und Durchführung der Ausbildung übereinstimmen und der vorgesehene Leistungsstand erreicht ist. Die Aufgabenstellung soll die betriebliche Ausbildungsplanung berücksichtigen.

VII. Ausbildungsgänge für Abiturienten

Attraktive Ausbildungsgänge für Abiturienten setzen neben einer praxisgerechten Ausgestaltung voraus, daß Wirtschaft und Verwaltung grundsätzlich dazu übergehen, Führungspositionen allein nach der erbrachten Leistung und ohne Rücksicht auf formale Vorbedingungen zu besetzen.

Das Abitur sollte nicht mehr ausschließlich als Eingangsvoraussetzung zur Hochschule angesehen werden. In Zusammenarbeit mit der Wirtschaft sind daher spezielle praxisorientierte Ausbildungsgänge als attraktive Alternative zum Hochschulstudium zu entwickeln. Sie müssen Phasen betrieblicher und schulischer Ausbildung vorsehen, die über dem Niveau der jetzigen Ausbildungsordnungen liegen. Vergleichbare Ausbildungsgänge sollten von der öffentlichen Verwaltung angeboten werden.

VIII. Jugendliche ohne Hauptschulabschluß

Der Abschluß von Arbeitsverträgen mit lern- oder körperbehinderten Jugendlichen muß möglich sein, weil das oft die einzige Chance zur Integration in die Gesellschaft ist.

Die staatliche Ausbildungsverpflichtung muß für lern- oder körperbehinderte Jugendliche ohne Hauptschulabschluß über die allgemeine Vollzeitschulpflicht hinaus weiterbestehen. Schulische Fördermaßnahmen sollten die Voraussetzungen für die Aufnahme einer beruflichen Ausbildung in einem anerkannten Ausbildungsberuf schaffen. Daneben sind besondere Ausbildungsgänge zu entwickeln, die Teilqualifikationen vermitteln.

IX. Jugendliche Ausländer

Auch ausländische Jugendliche sollten die Chance haben, eine qualifizierte Berufsausbildung in der Bundesrepublik Deutschland zu erhalten.

Mangelnde Sprachkenntnisse und andersartige Ausbildungsvoraussetzungen müssen soweit als möglich durch besondere Förderungsmaßnahmen ausgeglichen werden. Es ist Aufgabe der Schulen, der Volkshochschulen sowie freier Träger insbesondere sprachliche Förderkurse anzubieten. Die Kammern werden an Modellen zur Befähigung für eine berufliche Ausbildung der ausländischen Jugendlichen mitarbeiten.

X. Berufliche Fortbildung

Bei der Bildungsberatung und bei der Anwendung des Arbeitsförderungsgesetzes ist darauf zu achten, daß öffentliche und private Fehlinvestitionen sowie gesellschaftliche Fehlentwicklungen nur vermieden werden können, wenn auf Praxisbezogenheit und Bedarf geachtet wird.

Durch ein umfassendes Angebot an Fortbildungsmöglichkeiten muß die Durchlässigkeit der beruflichen Bildung sichergestellt werden. Ziel ist es, entweder die Leistungsfähigkeit im Beruf zu erhalten oder beruflich aufzusteigen. Die berufliche Fortbildung muß praxisbezogenen und auf den Bedarf der Wirtschaft ausgerichtet sein.

In der beruflichen Aufstiegsbildung sind Prüfungen anzubieten, die gleichzeitig einheitliche Qualifikationsinhalte und -bezeichnungen sicherstellen.

Die berufliche Anpassungsbildung muß frei bleiben von jeder einschränkenden Regelung, weil sie sonst ihre Aufgabe, der Aktualisierung von Kenntnissen und Fertigkeiten, nicht gerecht werden kann.

XI. Organisation

Die bundeseinheitliche Gestaltung der Berufsausbildung ist unabdingbar. Die Zuweisung von Kompetenzen muß berücksichtigen, daß dem Staat die Rechtssetzungskompetenz zusteht und eine praxisnahe Durchführung der erlassenen Vorschriften gewährleistet ist.

Der Bund ist für den Erlaß von Rechtsvorschriften für die betriebliche Berufsausbildung zuständig. Den Fachministern sind die Kompetenzen zu übertragen, die für die Regelung materieller Probleme erforderlich sind. Der Bundesminister für Bildung und Wissenschaft sollte außer für Grundsatzfragen und für die Koordinierung auch für den Erlaß von Prüfungsordnungen zuständig sein.

Das Land ist für die Durchführung der Berufsbildung in den beruflichen Schulen zuständig, es erläßt die Rahmenlehrpläne, die mit den Ausbildungsordnungen abgestimmt sind.

Das Bundesinstitut für Berufsbildungsforschung wird als gemeinsame Einrichtung von Bund und Ländern durch Staatsvertrag errichtet. Zu seinem Forschungsbereich soll die gesamte berufliche Bildung gehören, insbesondere die Ermittlung der Ausbildungsziele, die Ableitung der Ausbildungsinhalte und die Erarbeitung von abgestimmten Ausbildungsordnungen und Rahmenlehrplan. Dem Beirat gehören Beauftragte des Bundes, der Länder, der Arbeitgeber, der Arbeitnehmer und der Lehrer an beruflichen Schulen an.

Die höhere Verwaltungsbehörde ist für die Kontrolle der Berufsausbildung in Schulen und Betrieben zuständig. Für Bereiche, in denen es keine Selbstverwaltungsorganisationen (Kammern) gibt, übernehmen sie auch alle übrigen Aufgaben.

Die Kammer führt das Verzeichnis der Ausbildungsverhältnisse. Dabei hat sie die Eignung der Ausbildungsbetriebe festzustellen. Sie organisiert Zwischen-, Abschluß- und Fortbildungsprüfungen und berät die an der Berufsausbildung Beteiligten. Die vom zuständigen Bundesministerium erlassenen Vorschriften sind zu beachten.

Berufsausbildung als öffentliche Aufgabe erfordert die unmittelbare Rechtssetzungskompetenz für den Staat. Ausschüssen kann nur eine beratende Mitwirkung zugebilligt werden.

Der Bundesausschuß für Berufsbildung hat die zuständigen Bundesministerien im Hinblick auf die jeweiligen Kompetenzen zu beraten. Ihm gehören Beauftragte der Arbeitgeber, der Arbeitnehmer und der Länder an.

Der Landesausschuß für Berufsbildung hat auf eine abgestimmte Entwicklung von schulischer und betrieblicher Berufsbildung und auf die Koordination mit dem allgemeinen Bildungswesen hinzuwirken sowie die Landesregierung zu beraten. Ihm gehören Beauftragte der Arbeitgeber, der Arbeitnehmer und der beruflichen Schulen an.

Der Bezirksausschuß für Berufsbildung wird bei der höheren Verwaltungsbehörde errichtet. Er soll eine gleichmäßige Durchführung in allen Berufsbereichen sichern. Ihm gehören Beauftragte der Arbeitgeber, der Arbeitnehmer und der Lehrer an beruflichen Schulen an.

9. Wissenschaftler

Manifest zur Reform der Berufsausbildung

Anläßlich der Pläne zur Novellierung des Berufsbildungsgesetzes verfaßt und unterzeichnet von Wissenschaftlern der Fächer

Berufs- und Wirtschaftspädagogik,
Bildungsökonomie und Bildungsrecht,
Arbeits-, Berufs- und Jugendsoziologie,

Hamburg, Ende Oktober 1973

Die Unterzeichner wenden sich mit diesem Manifest an die Öffentlichkeit.

Insbesondere wenden wir uns an die heutigen Lehrlinge, die Eltern der jetzigen und künftigen Lehrlinge, die Ausbilder, die Berufsschullehrer und die erwachsenen Kollegen der Lehrlinge.

Der gute Wille all dieser Personen bzw. Personengruppen reicht allein nicht aus, um eine Reform der Berufsausbildung zu erzwingen, dazu bedarf es der Beeinflussung des politischen Entscheidungsprozesses.

Wir wenden uns deshalb auch an politische Institutionen und Verbände:

— Die *Bundesregierung.* Sie, insbesondere das Bundesministerium für Bildung und Wissenschaft, wird aufgefordert, die Versprechungen aus der Regierungserklärung zu realisieren, vor allem durch die Durchsetzung eines neuen Berufsbildungsgesetzes und Jugendarbeitsschutzgesetzes, die den hier formulierten Bedingungen gerecht werden.

— *Die Gewerkschaften.* Sie vertreten die Interessen der Arbeitenden an besseren Arbeitsbedingungen, die ohne eine Reform der Berufsausbildung nicht durchgesetzt werden können; und sie sind die Organisation, mit deren Hilfe die Lehrlinge gemeinsam mit Ausbildern und Lehrern ihr Ausbildungsinteresse am wirksamsten durchsetzen können.

— *Die Unternehmer.* Auch sie werden aufgefordert, ihren unerläßlichen Beitrag im Rahmen des von uns formulierten Reformprogramms zu leisten.

— *Jugendorganisationen und Parteien.* Berufsbildungspolitik ist auch Jugendpolitik, und zwar für die Mehrheit der Jugendlichen. Angesprochen sind deshalb auch die Jugendorganisationen, die bereit sind, einen Beitrag zur politischen Durchsetzung der hier skizzierten Berufsbildungsreform zu leisten. Diese Aufforderung geht auch an die Parteien.

I. Bildungspolitische Grundlagen

1. Fakten zur Situation der Berufsausbildung

Ca. 1,5 Mill. Jugendliche befinden sich in der beruflichen Erstausbildung, davon ca. 1,3 Mill. im „dualen System". Vor allem die Situation der Berufsausbildung im „dualen System“ wird kritisiert. Belege für diese Kritik gibt es genügend, zum Beispiel:

— Über die Hälfte der Lehrlinge verfügt nicht über einen betrieblichen Ausbildungsplan oder Ausbildungsstätten, die eine systematische Unterweisung gestatten.

— Über die Hälfte der Lehrlinge wird mit ausbildungsfremden Neben und/oder Routinearbeiten beschäftigt.

— Über ein Drittel der Lehrlinge muß gesetzwidrig Überstunden ableisten.

— Nur ein Drittel der Lehrlinge verfügt über eine institutionalisierte Interessenvertretung im Betrieb (Betriebsrat und/oder Jugendvertretung).

— Über die Hälfte der (Hamburger) Lehrlinge im dritten Lehrjahr würde seinen Lehrbetrieb nicht wieder wählen, über die Hälfte auch seinen Lehrberuf nicht.

— Die Hälfte der Lehrlinge erhält nicht den vorgeschriebenen Minimalunterricht an den Berufsschulen.

— Ein Sechstel der Jugendlichen erhält überhaupt keine berufliche Qualifizierung.

Diese und andere Zahlen aus jüngsten wissenschaftlichen Untersuchungen bestätigen, was Anfang 1969 der Deutsche Bildungsrat in seinen „Empfehlungen zur Verbesserung der Lehrlingsausbildung“ als Kritik angeführt hat.

Auf diese „Empfehlungen“ konnten die Unternehmerverbände 1969 noch antworten, daß sie auf mangelnder Information beruhten, und daß die Kriterien des Bildungsrates von den Betrieben „im Prinzip“ längst erfüllt seien. Heute, vier Jahre später, liegen mehrere wissenschaftliche Untersuchungen über die Qualität der Berufsausbildung und die soziale Situation der Lehrlinge vor, deren Ergebnisse übereinstimmend die Kritik an der Berufsausbildung bestätigen.

In den letzten Jahren hat eine fachwissenschaftliche Diskussion über die Ursachen der Mängel der derzeitigen Berufsausbildung und der vorzunehmenden Reformen stattgefunden.

Die Ergebnisse sind kaum über den Kreis der Wissenschaftler, der Verbandsfunktionäre und der Experten in den staatlichen Instanzen hinaus an eine breitere Öffentlichkeit gedrungen.

Sowohl der Lehrlingsprotest der letzten Jahre, der Ansprüche der direkt Betroffenen anmeldete, als auch die Tatsache, daß die derzeitige Bundesregierung die Reform der Berufsausbildung zur bildungspolitischen Priorität erklärt hat, lassen es uns notwendig erscheinen, das nachfolgende Manifest zu veröffentlichen, um unsere Vorstellungen einer Reform der Berufsausbildung einer breiteren Öffentlichkeit mitzuteilen.

2. Grundprobleme einer Berufsbildungsreform

Der Begriff Berufsausbildung wird im Zusammenhang mit nicht weiterführenden Bildungsgängen gebraucht, das heißt allein zur Kennzeichnung der Vorbereitung auf untergeordnete Positionen. Bei „Berufsausbildung" denken wir an Arbeiter, Verkäuferin und Postbote, aber nie an Arzt, Lehrer und Chemiker. Für diese Berufstätigkeiten wird man nicht „ausgebildet", sondern „man studiert sie". Dieser Unterschied zwischen „Ausbildung" und „Studium" und die daran geknüpften unterschiedlichen sozialen Einschätzungen und Chancen müssen in unserer Gesellschaft überwunden werden. Das erfordert eine umfassende Reform des gesamten Bildungssystems. In unserem Reformvorschlag müssen wir uns auf den Teilbereich beschränken, der gegenwärtig „Berufsausbildung" genannt wird; doch sind unsere Vorschläge so gefaßt, daß sie eine weitergehende Reform ermöglichen.

Wir sehen uns bei unseren Vorschlägen vier Grundproblemen gegenüber:

— Wir fordern das Lernen auch in einem betrieblichen Arbeitsprozeß, der unseren Vorstellungen als Lernort bisher nicht entspricht, dessen Veränderung von uns aber nicht zur *Voraussetzung* jeglicher Reformen gemacht werden kann.

— Wir fordern eine Ausbildungsqualität, für die unter den gegebenen Produktionsbedingungen oft keine adäquate Nachfrage besteht.

— Wir stehen vor den verfassungsrechtlichen Schwierigkeiten, daß der Bund für die außerschulische, die Länder für die schulische Berufsausbildung zuständig sind, was der notwendigen Geschlossenheit der Berufsbildung und ihrer Integration in das Gesamtbildungssystem entgegensteht.
— Wir fordern, daß die berufliche Bildung die individuelle und kollektive Emanzipation der Lohnabhängigen nicht behindert, sondern fördert, stellen aber fest, daß ein entsprechendes gesellschaftlich organisiertes Interesse sich bisher nicht genügend artikuliert.

Bisher haben diese Probleme dazu geführt, daß auf der einen Seite Reformprogramme für das Jahr 2000 entworfen werden, deren Radikalität sich häufig auch auf eine radikale Nichtbeschäftigung mit der Umsetzungsproblematik erstreckt, daß auf der anderen Seite eine bloße Anpassung an die vorgefundene Realität stattfindet, die höchstens zu neuen Organisationen und Behörden führt, die Lage der betroffenen Jugendlichen aber nicht verändert. Die Erfahrungen mit dem Zustandekommen des geltenden Berufsbildungsgesetzes sind eine Warnung.

Vor diesem Hintergrund ist es unser Interesse, in die öffentliche Debatte einzugreifen mit dem Versuch, ein grundlegendes, aber auch realisierbares Reformprogramm zu skizzieren, und gleichzeitig auch den gesellschaftlichen Willensbildungsprozeß zu unterstützen, der zur Durchsetzung dieser Reform nötig ist.

Die inhaltlichen Prinzipien unserer Vorschläge sind:
— Abbau der Diskriminierungen innerhalb der Berufsausbildung und zwischen den Jugendlichen in unterschiedlichen Bildungswegen;
— Ausweitung der Bildungsziele um Kenntnisse und Fertigkeiten, die dem einzelnen die aktive Beteiligung an der gesellschaftlichen Entwicklung ermöglichen;
— Aufbau einer Selbstverwaltung der Berufsbildung.

Aus diesen Prinzipien ergeben sich unserer Forderungen. Grundlage dieser Forderungen ist einerseits der Wille, konkretisierbare Schritte anzugeben, andererseits das Wissen, daß unser Programm in seiner Qualität und in seinem inneren Zusammenhang das Minimum dessen ist, was eine Reform leisten muß, wenn sich die Ausbildungssituation der Lehrlinge real ändern soll.

Alles, was hinter diesem Programm zurückbleibt, scheint uns eher die Optik der Situation als diese selber zu verändern.

3. Berufsausbildung als Instrument der Bildungsreform

Unser Interesse gilt der Reform der Berufsausbildung nicht nur, weil hier Defizite zu besonderen Anstrengungen verpflichten. Vielmehr sehen wir gerade in der Reform der beruflichen Bildung den geeigneten Ansatz, die Realität der gesellschaftlichen Lebensbedingungen in den Bildungsprozeß zu integrieren, um die Verfügung über diese Bedingungen nicht durch eine praxisferne „Allgemeinbildung" oder eine technokratisch verkürzte praxisnahe „Berufsausbildung" zu erschweren. Damit könnte eine reformierte Berufsausbildung einen inhaltlichen Impuls für die gesamte Bildungsreform abgeben.

In Einzelfragen der hier vorgeschlagenen Umsetzung dieser Ziele in aktive Reformpolitik bestehen auch zwischen den Unterzeichnern unterschiedliche Meinungen. In der aufgezeigten Problemsicht, in den formulierten Reformprinzipien und in der Qualität der strukturellen und inhaltlichen Reformschritte sind sich die Unterzeichner einig.

II. Zur individuellen und gesellschaftlichen Funktion beruflicher Bildung

1. Die gegenwärtige Funktion beruflicher Bildung

„Berufliche Bildung" heißt hierzulande und heute Vorbereitung auf abhängige Arbeit, Vorbereitung auf Tätigkeiten in untergeordneten Positionen. Ihre Realität bleibt weit hinter dem zurück, was aufgrund des Entwicklungsstandes der Produktivkräfte möglich wäre. Von einer diesen Möglichkeiten angemessenen Qualifizierung und von einer Verwirklichung demokratischer Gleichheits- und Freiheitsrechte, wie sie das

Grundgesetz fordert, kann in diesem Bereich unserer Gesellschaft keine Rede sein.

Das bedeutet für die *einzelnen,*

a) daß sie mit einer niedrigen Qualifikation in das Arbeitsleben eintreten und sich mit betrieblichen Stellungen begnügen müssen, deren Anforderungen weit unter denen liegen, die sie erfüllen könnten, wenn sie gründlicher ausgebildet worden wären;

daß sie entsprechend niedriger entlohnt werden und ihren Arbeitsplatz bei technischen und organisatorischen Umstellungen leicht verlieren oder gegen eine noch anspruchslosere und schlechter bezahlte Tätigkeit eintauschen müssen, weil sie nicht nur wenig gelernt, sondern auch nicht die Fähigkeit erworben haben, sich umzustellen und weiterzuqualifizieren;

b) daß sie gegenüber ihren Alterskollegen, die Gymnasien und Hochschulen besuchen, durch ihre geringe Qualifikation, durch rein ausführende Tätigkeit, durch schlechtere Bezahlung, durch Arbeitsunsicherheit und durch fehlende oder zumindest sehr geringe Aufstiegschancen sozial benachteiligt sind, weil ihnen nicht nur geringere Bildungsmöglichkeiten, sondern auch beschränktere Lebenschancen geboten werden; und

c) daß sie behindert sind, ihre Interessen selber durch die Ausschöpfung und Erweiterung betrieblicher, wirtschaftlicher, gesellschaftlicher und politischer Beteiligungsrechte im Rahmen kollektiver Aktionen und Interessenverbände wirksam zu vertreten.

Eine unzureichende Berufsbildung schadet nicht nur dem einzelnen abhängig Arbeitenden, sie beeinträchtigt auch, weil es sich dabei um die Mehrheit der Beschäftigten handelt, die wirtschaftliche Leistungsfähigkeit, die soziale Gerechtigkeit und die demokratische Verfassung der *gesamten Gesellschaft.* So trägt sie dazu bei,

a) daß die schöpferischen Fähigkeiten der Masse der Arbeitenden nicht genutzt werden, häufig sich gar nicht erst entfalten oder rasch wieder verkümmern;

daß folglich auch Ansprüche auf Arbeits- und Lebensqualität sich nicht genügend artikulieren und organisieren (zum Beispiel Erweiterung der Arbeitsaufgaben, Organisation der sozialen Beziehungen im Wohnviertel, Umweltprobleme, Entwicklungshilfe usw.);

b) daß gesellschaftliche Unterschiede wie die zwischen Akademikern und Nichtakademikern, Besitzenden und Lohnabhängigen, Armen und Reichen nicht nur erhalten bleiben, sondern noch unerträglicher werden, und

c) daß die undemokratischen Zustände in den Betrieben, im Wirtschaftsleben, in den Verbänden und Parteien der Bundesrepublik andauern.

Diese unhaltbaren individuellen Benachteiligungen und gesellschaftlichen Mißstände können nur abgebaut werden, wenn die Berufsausbildung grundlegend reformiert wird. Zwar kommt es dabei nicht auf eine Reform der Berufsausbildung allein an, aber ohne eine bessere Berufsausbildung werden sich die gesellschaftspolitischen Interessen der abhängig Arbeitenden und damit auch die gesellschaftspolitischen Ziele der Gewerkschaften nicht durchsetzen lassen. Ihre Macht hängt ganz wesentlich von den allgemeinen und beruflichen Qualifikationen ihrer Mitglieder ab. Mit unterqualifizierten Personen lassen sich Fortschritte zu größerer Selbstbestimmung allenfalls erkämpfen, nicht aber behaupten. Gesellschaftspolitik schließt deshalb immer Bildungspolitik, vor allem Berufsbildungspolitik mit ein. Umgekehrt ist eine Reform der Berufsausbildung sinnlos beziehungsweise gefährdet, wenn nicht gleichzeitig die Auseinandersetzung um die Veränderung der Arbeitsplatzstrukturen und die betrieblichen Herrschaftsverhältnisse verstärkt wird.

2. Aufgaben einer reformierten Berufsausbildung

Die genannten Mißstände stellen sozusagen das negative Spiegelbild der Verhältnisse dar, die mit Hilfe einer reformierten Berufsausbildung angestrebt werden sollten.

Den *einzelnen* sollte die Berufsausbildungsreform dazu verhelfen,

a) aufgrund besserer Qualifizierung in der beruflichen Erstausbildung von vornherein eine stärkere Position auf dem Arbeitsmarkt zu erhalten, sich im Betrieb besser durchsetzen zu können und sich innerhalb und außerhalb der Arbeit immer weiter zu qualifizieren;

b) im Rahmen der beruflichen Bildung und Weiterbildung Qualifikationen zu erwerben und Abschlüsse zu erreichen, die sich von denen anderer Bildungsgänge nur mehr in der Art, aber nicht mehr in der gesellschaftlichen und ökonomischen Bewertung unterscheiden, zumindest sollte hierin eine weitgehende Angleichung versucht werden; und

c) ihre Arbeit selbst kooperativ zu organisieren („Belegschaftskooperation") und bestehende betriebliche Rechte im Rahmen kollektiver Interessenorganisationen auszuschöpfen und neue Rechte zu erkämpfen.

Die *gesellschaftlichen* Ziele einer derartigen Berufsbildungspolitik können wie folgt umrissen werden:

a) Steigerung der Leistungsfähigkeit und Veränderungsmacht der Masse der Arbeitenden;

b) Verminderung des Bildungs-, Einkommens-, Prestige- und Machtgefälles zwischen verschiedenen sozialen Klassen und Schichten und

c) Humanisierung der Arbeitsorganisation und Demokratisierung der Betriebe und der Wirtschaft, ohne die eine Demokratisierung der Gesellschaft und des Staates nicht möglich sein wird.

III. Forderungen an eine Reform der Berufsausbildung

1. Sekundarstufe II und Berufsausbildung

Versteht man unter Berufsausbildung die Vorbereitung auf die Erwerbstätigkeit, so findet Berufsausbildung im staatlichen Bildungsbereich in teilzeitschulischen („dualen"), vollzeitschulischen (Berufsfachschule, Fachschule, Fachoberschule) berufsqualifizierenden Ausbildungsinstitutionen und Ausbildungsgängen statt, aber auch in Studiengängen an Hochschulen. Der überwiegende Teil dieser berufsqualifizierenden Ausbildungsgänge findet im Rahmen privatrechtlicher Ausbildungsverhältnisse der Lehrlinge mit der privaten Wirtschaft statt. Demgegenüber erhalten die Schüler der gymnasialen Oberstufe und der vollzeitschulisch berufsqualifizierenden Ausbildungsgänge ihre Ausbildung im Rahmen eines öffentlich-rechtlichen Ausbildungsverhältnisses. Während die gymnasialen Ausbildungsgänge erst eine Vorstufe zur universitären Berufsausbildung der Akademiker sind, erhält die Mehrzahl der Jugendlichen ihre berufliche Erstausbildung bereits zwischen dem 15. und 20. Lebensjahr, also in der Sekundarstufe II.

Unter diesen Bedingungen müssen die Lehrlinge spätestens im Alter von 15 oder 16 Jahren mit der Wahl des Ausbildungsganges eine Berufsentscheidung treffen, während zum Beispiel die Gymnasiasten diese erst im Alter von 19 oder gar 25 Jahren treffen müssen. Folgenreiche Entscheidungen über die spätere berufliche Position fallen jedoch bereits am Ende der Grundschule mit der Wahl einer Schulform in der Sekundarstufe I.

Für die Lehrlinge hängt die Wahl des Berufes und der Ausbildung nicht zuletzt vom regionalen und branchenspezifischen Angebot an Ausbildungsplätzen auf dem „Ausbildungsmarkt" ab. Mit dem Ausbildungsvertrag sind die Lehrlinge wesentlich stärker an einen Ausbildungsgang und späteren Beruf gebunden als die übrigen Jugendlichen gleichen Alters. Darüber hinaus wird die Undurchlässigkeit der Ausbildungsgänge der Sekundarstufe II durch mangelnde organisatorische und curriculare Abstimmungen verstärkt.

Das Problem der Sekundarstufe II stellt sich nicht nur in unterschiedlichen Eingangs- und Ausbildungsbedingungen, sondern auch in unterschiedlichen Ausgangsbedingungen dar. Die unterschiedlichen Abschlußniveaus der einzelnen Ausbildungsgänge in der Sekundarstufe II eröffnen unterschiedliche Eingangschancen in das Berufsleben, das heißt unterschiedliche Lebens-, Berufs- und Einkommenschancen im Wirtschaftssystem beziehungsweise unterschiedliche Eingangsvoraussetzungen für den tertiären Ausbildungsbereich (Hochschule, Weiterbildung), da die Studierfähigkeit und -berechtigung bisher nur in gymnasialen Ausbildungsgängen und die Erwerbsfähigkeit und -berechtigung nur in berufsqualifizierenden Ausbildungsgängen erworben werden können.

Schließlich ist ein weiterer Unterschied zwischen den Studien- und berufsqualifizierenden Ausbildungsgängen darin gegeben, daß letzteren eine Mehrzahl von Lernorten zugeordnet sind: Schule, Arbeitsplatz, Ausbildungsstätte (z. B. einzel- und überbetriebliche Lehrwerkstatt, Übungskontor, Labor). Die sogenannten dualen Berufsausbildungsgänge werden überwiegend in Betrieben, das heißt am Arbeitsplatz oder in einzel- oder überbetrieblichen Ausbildungsstätten durchgeführt, die vollzeitschulischen Berufsausbildungsgänge und die gymnasialen beziehungsweise studienqualifizierenden Ausbildungsgänge nahezu ausschließlich in Schulen.

a) Die Berufsausbildung — Zentrum der integrierten Oberstufe

Gegenüber diesen getrennten Teilsystemen ist — als Teil eines integrierten und differenzierten Gesamtbildungssystems — eine integrierte Sekundarstufe II zu fordern, die den Ansprüchen einer formalen Gleichheit und Gleichwertigkeit der Ausbildungschancen aller Jugendlichen — auch in der Oberstufe — genügen muß. Dieses kann nur in integrierten Systemen gelingen. Integrierte Oberstufe heißt: Integration der Ausbildungsinstitutionen, Ausbildungsgänge und Lernorte der Sekundarstufe II. Innerhalb einer organisatorisch-institutionell einheitlich konzipierten Gesamtoberstufe treten differenzierte Ausbildungsgänge (Kurssystem) an die Stelle der Ausbildung in bisher getrennten studienbezogenen und beruflich ausbildenden Institutionen.

Voraussetzung und wesentlicher Bestandteil der integrierten Oberstufe ist eine *einheitliche* bildungstheoretische Konzeption für die Sekundarstufe II. Die Curricula aller Ausbildungsgänge werden durch ein einheitliches Bildungsziel der Sekundarstufe II bestimmt, deren pädagogisch-didaktisches Zentrum der Erwerb der beruflichen Kompetenz ist. Entsprechende lernortübergreifende Curricula sind zu entwickeln. Die Ausbildungsgänge der Oberstufe sind die Fortsetzung der allgemeinen und der Beginn der beruflichen Erstausbildung, die allgemeine Kompetenz wird um den Erwerb beruflicher Kompetenzen erweitert. So soll die Ausbildung in der Sekundarstufe II die kommunikative, politisch-gesellschaftliche Kompetenz erweitern und die fachliche Kompetenz ermitteln, die sowohl die Studien- (Weiterbildungs-) als auch Erwerbsfähigkeit und -berechtigung ermöglicht (Doppelprofilierung).

Diese Integration setzt jedoch voraus, daß alle Jugendlichen unter den gleichen formalrechtlichen Bedingungen ihre Ausbildung in der Sekundarstufe II fortsetzen können, das heißt, unter den Bedingungen einer allgemeinen Ausbildungspflicht in öffentlicher Verantwortung bis zum Abschluß der Sekundarstufe II.

Eine weitere notwendige Maßnahme ist die lokale/räumliche und bauliche Integration von Schulen und Lehrwerkstätten zu Oberstufenzentren („Kollegschulen") unter organisatorischer Einbeziehung bestehender überbetrieblicher Lehrwerkstätten der Wirtschaft und einzelbetrieblicher Lehrwerkstätten der Großunternehmen.

b) Pluralität und Koordination der Lernorte

Von Lern*orten* als organisatorisch-institutionellen Einheiten, wie Schule, Ausbildungsstätten (einzel- und überbetrieblicher Lehrwerkstatt, Übungskontor) und Arbeitsplatz, sind pädagogisch-methodische Lern*konzepte* wie Unterricht, Einübung und Anwendung am Arbeitsplatz und praktische Lehrgänge in Schule und Betrieb zu unterscheiden. Sowohl Lernorte als auch Lernkonzepte unterscheiden sich nach dem Verhältnis von theoretischer Reflexion und praktischer Tätigkeit beziehungsweise reflexions- und handlungsbezogenem Lernen. Ebenso wenig, wie sich die Lernorte prinzipiell bestimmten Trägern der Ausbildung (Privatunternehmen, Staat: Bund oder Länder, Kammern) zuordnen lassen, ebenso wenig lassen sich die aufgeführten Lernkonzepte prinzipiell einzelnen Lernorten zuordnen.

Die Oberstufe integriert alle Lernorte und Lernkonzepte in ihr Ausbildungsprogramm. Die Lernorte werden nach ihrem spezifischen Beitrag zur Realisierung bestimmter Lernziele ausgewählt.

Daraus folgt:

— Die Pluralität der Lernorte in der Sekundarstufe II ist zu erhalten und auszubauen.

— Die Koordination und die curriculare Abstimmung der einzelnen Ausbildungsphasen an verschiedenen Lernorten ist sicherzustellen.

— Alle Lernorte und Lernkonzepte sind in die Ausbildungsgänge *aller* Jugendlichen der Sekundarstufe II einzubeziehen. Das bedeutet für den heutigen Lehrling, daß er einen größeren Teil seiner Ausbildungszeit für praktische Lehrgänge und theoretischen Unterricht verwendet als bisher, und für den heutigen Gymnasiasten bedeutet das die Aufnahme praktischer Ausbildung und Betriebserfahrung in das Curriculum.

— Der Lernort „Arbeitsplatz" erhält eine zusätzliche Funktion als Ort unvermittelter, praktischer Erfahrungen sozialer Herrschaftsansprüche und Konflikte, die im theoretischen Unterricht reflektiert werden müssen.

— Die Lernorte „Schule" und „Ausbildungsstätte" erhalten eine zusätzliche Funktion als Erfahrungsräume gruppendynamischer Prozesse, die ebenfalls analysiert und reflektiert werden müssen.

Die Berufsausbildungsreform muß sich als Teil der Oberstufenreform begreifen. Das heißt, eine Neuregelung der Berufsausbildung darf die Entwicklung einer Oberstufe, in der die „allgemeine" und die „berufliche", die theoretische und praktische Bildung integriert sind, nicht blockieren. Die Konzeption einer integrierten Oberstufe soll einerseits die Qualität der sogenannten Berufsausbildung entscheidend verbessern helfen, andererseits einen stärkeren Praxisbezug der sogenannten Allgemeinbildung herstellen. Wenn wir uns aber in den weiteren Ausführungen auf die jetzige Berufsausbildung konzentrieren, dann deshalb, weil

— die „duale“ Ausbildung noch immer die Berufsausbildung der Mehrheit aller Jugendlichen ist,
— die Mängel beruflicher Bildung besonders gravierend sind,
— die Berufsausbildung besondere Vorleistung für eine integrierte Oberstufe erbringen muß, damit die Mängel traditioneller Berufsausbildung in der integrierten Oberstufe nicht in einer neuen Form wieder erscheinen,
— eine grundlegende Reform der Oberstufe die Reform der Berufsausbildung voraussetzt, und
— die faktische Berufsbildungsreform noch immer aussteht.

2. *Recht der Berufsausbildung*

Gegen eine Reform der Berufsausbildung wird häufig eingewandt, daß die gegenwärtige Organisationsform aus verfassungsrechtlichen Gründen nicht geändert werden dürfe, daß jede Reform im Wirrwarr zersplitterter Kompetenzen scheitern müsse und daß neue Organisationsformen die Lage der vernachlässigten Berufsausbildung nur verschlimmern könnten. Ein Blick auf die rechtlichen Probleme der Berufsausbildung zeigt, daß diese Probleme zwar schwierig, aber keinesfalls unlösbar sind:

a) Unternehmerische Selbstverwaltung und Verfassungsrecht

Man hört immer wieder, daß die Reformen der Berufsausbildung aus Verfassungsgründen die Stellung der Unternehmer und der Kammern nicht beeinträchtigen dürften, weil die Selbstverwaltung der Wirtschaft verfassungsrechtlich gewährleistet sei. Es ist zwar richtig, daß die Berufsfreiheit der Unternehmer (Artikel 12 GG) auch das Recht zur Ausbildung umfaßt und daß der Gesetzgeber den Berufsverbänden im Prinzip das Recht der Selbstverwaltung übertragen darf. Das Bundesverfassungsgericht hat jedoch kürzlich mit aller wünschenswerten Klarheit entschieden, daß sich der Gesetzgeber „seiner vornehmsten Aufgabe“, dem Schutz der Grundrechte, nicht dadurch entziehen darf, daß er die rechtliche Ordnung eines Lebensbereichs der Selbstverwaltung überläßt (Facharztentscheidung BVerfG 33, S. 125).

Dies muß in verstärktem Maße dann gelten, wenn die Selbstverwaltung nicht nur die Grundrechte der Mitglieder — und das sind vor allem die Unternehmer selber —, sondern darüber hinaus die Grundrechte der in der Berufsausbildung Lehrenden und Lernenden betrifft. Der Berufsfreiheit der Lernenden und Lehrenden kommt aber im Rahmen des Grundgesetzes mindestens der gleiche Rang zu wie der Berufsfreiheit der Unternehmer. Zur Durchsetzung dieser Grundrechte in der Privatwirtschaft besitzt der Gesetzgeber aufgrund des Gleichheits- und Sozialstaatsprinzip des Grundgesetzes das Recht und die Pflicht, die Selbstverwaltung der Wirtschaft im Interesse der Berufsausbildung einzuschränken.

b) Bund- und Länderkompetenzen

Welches aber ist der Gesetzgeber, der sich dieser Gemeinschaftsaufgaben annimmt? Für die schulische Berufsausbildung ist der Landesgesetzgeber, für die betriebliche Berufsausbildung der Bundesgesetzgeber zuständig. Eine Reform kann aber nur als Reform der ganzen Berufsausbildung gelingen; — ganz zu schweigen von den chronischen Schwierigkeiten der Abstimmung zwischen den beiden Seiten der Ausbildung im „dualen System". Eine Übertragung aller Kompetenzen auf die Länder ist problematisch, weil die Chance einer Reform aus einem Guß vertan würde. Eine Übertragung der Zuständigkeiten für die Berufsschulen auf den Bund ist aber nicht weniger problematisch, weil damit die Trennung von beruflicher und allgemeiner Bildung fortgeschrieben würde.

Es gibt deshalb nur zwei Lösungen, nämlich erstens die Schaffung einer Grundsatzkompetenz des Bundes für das gesamte Bildungswesen — nach dem Vorbild der bereits bestehenden Bundeskompetenz für die Hochschulen —, oder zweitens die Kooperation zwischen Bund und Ländern im Rahmen der Gemeinschaftsaufgaben. Beide Lösungen bereiten politische Schwierigkeiten; im Interesse einer schnellen Lösung der drängenden Probleme sollte zunächst das bestehende Instrumentarium, das heißt die Bund-Länder-Kommission für Bildungsplanung genutzt, bei ihrem Versagen jedoch ein anderer Weg der gegenseitigen Abstimmung gewählt werden.

c) *Einige rechtssoziologische Anmerkungen*

Wird aber nicht eine intensivere gesetzliche Regelung zur „Bürokratisierung" der Berufsausbildung führen? Wird die Integration von allgemeiner und beruflicher Bildung nicht die praxisnahe Selbstverwaltung der Wirtschaft durch eine berufsausbildungsunerfahrene Schulbürokratie verdrängen? Es ist richtig, daß organisationssoziologische Argumente in der Diskussion stärker berücksichtigt werden müssen. Diese Argumente sprechen jedoch nicht für die Erhaltung des Status quo, sondern im Gegenteil für eine Organisationsreform. Eine stärkere gesetzliche Regelung der Berufsausbildung ist nämlich nicht nur aus verfassungsrechtlichen Gründen geboten, sondern auch aufgrund des Öffentlichkeitsprinzips. Nur die parlamentarische Auseinandersetzung gewährleistet, daß die Berufsausbildung die Bedeutung erhält, die ihr gebührt. Dies geschieht am besten durch eine umfassende Kodifikation des Rechts der Berufsausbildung, die an die Stelle der bisher zersplitterten Rechtsquellen im Berufsbildungsgesetz, im Arbeitsförderungsgesetz, im Jugendarbeitsschutzgesetz und im Kammerrecht tritt.

Eine solche Kodifikation darf freilich weder den Status quo festschreiben noch sich auf eine einfache Übertragung aller Kompetenzen auf die Schulverwaltung beschränken; sie muß vielmehr eigene Organisationsformen für die Berufsausbildung schaffen. Dabei kommt es darauf an, den Selbstverwaltungsgedanken nicht einfach zu verwerfen, sondern ihn verfassungsrechtlich und organisations-soziologisch neu zu konzipieren. Die Dezentralisierung und Enthierarchisierung spielt schließlich in der modernen Organisationssoziologie eine große Rolle, und auch im Schulwesen beginnt eine Bewegung in Richtung auf eine größere Selbständigkeit der einzelnen Bildungsinstitutionen im Rahmen der gesamten Bildungsverwaltung (Gutachten des Deutschen Bildungsrates).

Diese Dezentralisierung und Enthierarchisierung der Verwaltung und Kontrolle ist gerade in der Berufsausbildung notwendig. Die Vielzahl der Ausbildungsinstitutionen in der Berufsausbildung würde, soll sie wirksam verwaltet und kontrolliert werden, einen kostspieligen bürokratischen Apparat erfordern, wenn sie nach dem Modell der bisherigen Schulverwaltung organisiert würde. Da Verwaltung und Kontrolle andererseits nicht funktionieren, wenn sie — wie bisher — fast ausschließlich in den Händen der Unternehmer liegen, muß die Selbstverwaltung in der Berufsausbildung vor allem eine Selbstverwaltung der Lernenden und Lehrenden sein. Der Aufbau einer solchen Selbstverwaltung ist im Rahmen des Grundgesetzes möglich.

3. *Verwaltung, Kontrolle und Mitbestimmung*

Unabhängig davon, wann und wie Berufsbildung und allgemeinbildende Lernprozesse in der Sekundarstufe II integriert werden, ist schon jetzt die Form der Verwaltung der Berufsbildung durch die Kammern aufzuheben und in Richtung auf größere Mitbestimmungsmöglichkeiten der Betroffenen — der Lehrlinge, Ausbilder, Lehrer und ihren Interessenorganisationen, den Gewerkschaften, zu verändern. Die Mindestforderung auch für eine integrierte Berufsausbildung ist durch die Forderung des DGB markiert, daß „bei der künftigen Integration der beruflichen Bildung in das öffentliche Bildungswesen . . . bestehende Mitbestimmungsrechte der Arbeitnehmer nicht beseitigt werden (dürfen)“ (Forderungen des DGB zur beruflichen Bildung April 1972).

Deswegen darf als Richtlinie für die Struktur der Berufsbildungsverwaltung nicht eine in bezug auf die Forderung fortschreitender Demokratisierung aller Gesellschaftsbereiche veraltete Schulverwaltungsstruktur herangenommen, vielmehr sollte umgekehrt die Berufsbildungsverwaltung so angelegt werden, daß sie gleichsam als demokratisches Modell einer heute noch weitgehend obrigkeitsstaatlichen Bildungsverwaltung entgegengesetzt werden kann, die im übrigen auch nach den Vorstellungen des Deutschen Bildungsrats grundlegend zu verändern wäre.

Deswegen schlagen wir für die Berufsbildungsverwaltung eine Selbstverwaltung vor, die auf allen Ebenen bildungspolitisch-administrativen Handelns die Artikulation der Bedürfnisse der Betroffenen und ihre Kontrolle des administrativen

Handelns gewährleistet, ohne gleichzeitig dem hohen Grad der Vergesellschaftung der Produktivkräfte durch eine falsch verstandene Dezentralisierung zu widersprechen. Das Verhältnis von je individuellen Bedürfnissen und gesamtgesellschaftlichen Erfordernissen ist freilich innerhalb einer Gesellschaft, die nach dem Prinzip der privaten Verfügung über die Produktion organisiert ist, nicht innerhalb eines Teilbereichs wie der Berufsbildung allein befriedigend zu lösen.

a) Einrichtung einer Berufs-Bildungs-Verwaltung (BBV)

Entsprechend der gewerkschaftlichen Forderung, „im Rahmen der Mitbestimmung auch den Anspruch der Bildungsteilnehmer auf aktive Mitgestaltung und Mitentscheidung über die Verwaltung der Bildungseinrichtungen und die Durchführung der Bildungsaufgaben zu verwirklichen" (Forderungen des DGB zur beruflichen Bildung, These 92), schlagen wir eine Berufsbildungsverwaltung vor, die auf der lokalen bzw. regionalen, der Landes- und der Bundesebene als *Selbstverwaltung* organisiert ist und als solche nur der staatlichen Rechtsaufsicht unterliegt. Die Berufsbildungsverwaltung (BBV) besteht auf allen Ebenen aus den politischen Gremien, den *Berufsbildungsräten* und ihren Fachausschüssen, und ihnen zugeordneten *Verwaltungseinrichtungen.* Die BBV ist für sämtliche Aufgaben zuständig, die gemäß Bundesrecht in den Bereich der Berufsbildung fallen, sowie für die Koordinierung mit der allgemeinen Schulverwaltung.

b) Die BBV auf regionaler Ebene

Zu den *Aufgaben der lokalen bzw. regionalen BBV* (zu denken ist maximal in räumlichen Größenordnungen vom Umfang heutiger „zuständiger Stellen") gehört insbesondere

— die Umsetzung und Anpassung allgemeiner Rahmenrichtlinien an die regionalen Besonderheiten,

— die Auswahl, Akkreditierung und Kontrolle der Ausbildungsstätten,

— der Abschluß von kollektiven Ausbildungsverträgen mit verschiedenen Ausbildungsträgern,

— Einschreibung und Ausgestaltung der individuellen Ausbildungsverhältnisse,
— die Verteilung der finanziellen Mittel und die Schaffung eines umfassenden Angebots an Ausbildungsgängen,
— Aufbau, Unterhalt und Durchführung der Berufs- und Berufsbildungsberatung,
— Auswahl und Einstellung des Personals im Bereich der Berufsbildung,
— Koordinierung der unterschiedlichen Lernorte einschließlich Koordinierung mit den Schulen (durch die Einrichtung von Koordinierungs-Instanzen, z. B. Fachausschüsse),
— Anregung und Durchführung von Modellversuchen und Forschungsvorhaben.

Zur Durchführung dieser Aufgaben setzt der lokale/regionale Berufsbildungsrat Fachausschüsse ein. Allen Gremien steht ein Berufsbildungsamt als Verwaltungseinrichtung zur Verfügung. *Fachausschüsse* sind mindestens für alle Grundberufe bzw. größeren Berufsfelder, darüber hinaus nach Maßgabe des Differenzierungsgrades im regionalen Angebot an Ausbildungsgängen einzurichten; sie sind grundsätzlich nach dem gleichen Modus zusammengesetzt wie der Berufsbildungsrat, und ihre Mitglieder werden direkt von den betroffenen Gruppen gewählt. Ihnen obliegen insbesondere die fachspezifische Ausgestaltung und Kontrolle der Durchführung der entsprechenden Berufsbildungsprozesse, einschließlich der Lernerfolgskontrollen, sowie Vorschläge zur Einstellung von Ausbildungspersonal.

Das lokale/regionale *Berufsbildungsamt* ist ausschließlich an die Weisungen des Berufsbildungsrates gebunden und führt dessen Entscheidungen durch. Es umfaßt Referate für die hauptsächlichen Berufsfelder, den Beratungsdienst innerhalb der Berufsausbildung und das sonstige Personal, das zur Durchführung der Aufgaben der Berufsbildungsverwaltung erforderlich ist. Alle Mitarbeiter des Berufsbildungsamtes, einschließlich aller Ausbildungskräfte, die nicht der öffentlichen Schulverwaltung unterstehen, sind Angestellte oder Beamte des öffentlichen Dienstes.

Der Berufsbildungsrat wählt aus seiner Mitte einen *Vorstand*, der die laufenden Geschäfte wahrnimmt und nach dem gleichen Modus zusammengesetzt ist wie der Berufsbildungsrat selbst.

Die *Zusammensetzung* der Berufsbildungsräte ist paritätisch organisiert. Ihr gehören zu gleichen Teilen Vertreter der Lehrlinge, der Ausbilder/Lehrer/Berufsbildungsverwaltung, der Gewerkschaften und der Arbeitgeber an. Der Paritätenschlüssel ergibt sich aus dem Interesse, die Bedürfnisse der unmittelbar am Ausbildungsprozeß Beteiligten mit den Anforderungen der gesellschaftlichen Praxis in Zusammenhang zu bringen und die Berufsausbildungsentscheidungen als Resultat der permanenten Auseinandersetzung zwischen Ausbildung und Arbeitsmarktinteressen zu institutionalisieren. Innerhalb der Fachausschüsse kann die Zusammensetzung nach Gesichtspunkten der Zweckmäßigkeit zugunsten der Lehrlinge und der Ausbilder/Lehrer auf Beschluß des Berufsbildungsrates verändert werden.

Die Entsendung bzw. *Wahl der Mitglieder* des Berufsbildungsrates und der Fachausschüsse erfolgt jeweils für vier Jahre in einem zweijährigen Turnus (nach einer zweijährigen Anlaufphase werden alle zwei Jahre 50 Prozent der Mitglieder jeder Gruppe des Rates ausgewechselt). Die Vertreter der Gewerkschaften und Arbeitgeber werden von den lokalen/regionalen Verbänden dieser Gruppen benannt, die Vertreter der Lehrlinge und der Ausbilder/Lehrer werden über Listen direkt von der Gruppe der Lehrlinge bzw. der Ausbilder/Lehrer gewählt. Wiederwahl ist möglich, in der Gruppe der Lehrlinge sollten die Vertreter im Berufsbildungsrat und in den Fachausschüssen nicht länger als bis zu drei Jahre nach Abschluß ihrer Ausbildung in den Gremien vertreten sein.

c) Die BBV auf Landesebene

Der *Berufsbildungsrat auf Landesebene* ist das Koordinierungsorgan der lokalen/regionalen BBVs des Landes. Er nimmt sämtliche Selbstverwaltungsaufgaben für die Berufsbildung auf Landesebene wahr. Insbesondere obliegt ihm die Verteilung und Umverteilung der finanziellen Mittel, die Überprüfung der regionalen Ausbildungsangebote und die Kooperation mit der Kultusverwaltung.

Die BBV auf Landesebene ist genauso wie die auf lokaler/regionaler Ebene besetzt. Die Wahl der Mitglieder der Ausschüsse und des Berufsbildungsrates nehmen bei der Gruppe der Lehrlinge und der der Ausbilder/Lehrer/Verwaltung die Mitglieder der lokalen/regionalen Berufsbildungsräte vor, bei den Gewerkschaften und Arbeitgebern entsenden die entsprechenden Verbände auf Landesebene. Amtszeit und Turnus der Berufsbildungsräte auf Landesebene entsprechen der lokaler/regionaler Berufsbildungsräte. Das Landesamt für berufliche Bildung ist das Ausführungsorgan des Berufsbildungsrates auf Landesebene.

d) Die BBV auf Bundesebene

Die Selbstverwaltung der Berufsbildung auf Bundesebene ist gemäß der unteren Ebene aufgebaut und umfaßt einen *Berufsbildungsrat auf Bundesebene* und ein ihm unterstehendes *Bundesamt für Berufsbildung*. Die Aufgaben des Berufsbildungsrates auf Bundesebene umfassen sämtliche zentral zu regelnden Angelegenheiten der beruflichen Bildung und beziehen sich insbesondere auf

— die Erstellung und Änderung von Ausbildungsordnungen im Sinne von Rahmenrichtlinien für die einzelnen Ausbildungsgänge;
— die Erstellung und Änderung von einheitlichen Richtlinien zur Durchführung der Ausbildungserfolgskontrollen,
— die Erstellung und Änderung von einheitlichen Maßstäben für die Eignung von Ausbildungsstätten bzw. -orten,
— die Erstellung und Änderung von Normen für die Überwachung der Ausbildungsstätten,
— die Erstellung und Änderung von Richtlinien für die Verteilung der finanziellen Mittel auf Landes- und lokaler/regionaler Ebene sowie die Koordinierung und Umverteilung der Mittel des zentralen Berufsbildungsfonds (vgl. Finanzierung),

— die Förderung der Berufsbildungsforschung (das gegenwärtige Bundesinstitut für Berufsbildungsforschung z. B. wäre dem Bundesamt für berufliche Bildung anzugliedern),
— die Kooperation mit den entsprechenden Bundesbehörden und der Bundesanstalt für Arbeit.

Außerdem hat der Berufsbildungsrat auf Bundesebene das Satzungsrecht und erläßt die Rechtsvorschriften im Rahmen der gesetzlich gesicherten Selbstverwaltung. Außerhalb der satzungsmäßigen Kompetenzen hat die zentrale Selbstverwaltung keinerlei Weisungsbefugnisse gegneüber den Selbstverwaltungsgremien auf der Landesebene und auf der lokalen/regionalen Ebene.

Der Haushalt der Berufsbildungsverwaltung unterliegt der Genehmigung durch den Bundestag. Die Rechtsaufsicht wird vom Bundesministerium für Bildung und Wissenschaft (BMBW) ausgeübt, dem alle rechtsverbindlichen Erlasse und Anordnungen zur Genehmigung vorzulegen sind.

Der Berufsbildungsrat auf Bundesebene ist analog den übrigen Berufsbildungsräten zusammengesetzt und besteht aus je einem Vertreter der Lehrlinge und der Ausbilder/Lehrer/Verwaltung für jedes Bundesland, die von den jeweiligen Gruppen in den Landes-Berufsbildungsräten entsandt werden, sowie je der Hälfte der so zusammenkommenden Gesamtzahl aus Vertretern der Gewerkschaften und Arbeitgeber, die von den entsprechenden Verbänden auf Bundesebene benannt werden. Die Amtszeit beträgt vier Jahre, der Wahlturnus ist zweijährig.

e) Selbstverwaltung und Effektivität

Das hier vorgeschlagene Modell einer Selbstverwaltung für den Bereich der Berufsbildung erhebt nicht den Anspruch, fertig und ausformuliert zu sein. Es soll nichts anderes als ein Strukturmodell sein, dessen einzelne Bestimmungen noch genau zu durchdenken und auf ihre Praktikabilität hin zu präzisieren sind. Insofern bietet es noch genügend Raum für Modifikationen. Keine Veränderung freilich dürfen nach Meinung der Verfasser die dieses Modell tragenden Prinzipien der gleichberechtigten Teilhabe der unmittelbar am Ausbildungsprozeß beteiligten Gruppen an den sie betreffenden Entscheidungen erfahren. Das jedoch erscheint auch nicht erforderlich, da in diesem reformerischen Modell die demokratische Teilhabe konsequent mit Gesichtspunkten der fachlichen Kompetenz und verwaltungsmäßigen Durchführbarkeit verbunden werden soll.

Der entstehende Selbstverwaltungsaufwand dürfte durch die Konzentration auf die unterste Ebene und durch den relativ kleinen Landes- und Bundesüberbau nach Maßgabe einer Demokratisierung der Bildungsverwaltung gering sein und den Verwaltungsaufwand, den man heute beispielsweise im Bereich der Hochschulen als selbstverständlich ansieht, keineswegs übersteigen.

Im übrigen verweisen wir auf die Ausführungen am Ende des Punktes 2 in diesem Kapitel.

Zudem ist die Frage des Aufwands nicht von der numerischen Seite her, sondern allein von der Sinnmäßigkeit seines Einsatzes her zu beurteilen. Wenn man gerade Berufsbildung als einen umfassenden Prozeß der sozialen Emanzipation des einzelnen auffaßt, dann gehört dazu auch die selbsttätige Erfahrung der politischen Bedingungen von Lernen und kollektiven solidarischen Wahrnehmung von Interessen. Beides wird gefördert, zumindest angeregt durch das vorgeschlagene Selbstverwaltungsmodell, in dem Verwaltung, Mitbestimmung und Kontrolle vereinigt sind.

4. Die Finanzierung der Berufsausbildung

Daß die gegenwärtige Form der Finanzierung der beruflichen Bildung unzureichend ist und weder ein halbwegs breit gestreutes Angebot an Ausbildungsgängen in allen Regionen sicherstellen kann noch überhaupt mit den Prinzipien der Chancengleichheit und sozialen Gerechtigkeit übereinstimmt, haben praktisch alle Untersuchungen zum gegenwärtigen Zustand der Institutionalisierung der beruflichen Bildung als Ergebnis bestätigt. Die Forderung nach einer Berufsbildung als öffentlicher Aufgabe, die sowohl vom Deutschen Bildungsrat als auch vom Deutschen Gewerkschaftsbung erhoben worden ist und erhoben wird, ist die politische Konsequenz aus diesem Zustand. Dennoch hat die Bund-Länder-Kommission in ihrem Bildungsgesamtplan wie auch die Bundesregierung in ihren bisher bekannt gewordenen Vorstellungen zur Veränderung des Berufsbildungsgesetzes den Bereich der Finanzierung der Berufsbildung, an dem die Realisierung von Berufsbildung als öffentlicher Aufgabe hängt, aus ihren Überlegungen weitgehend ausgeklammert. Die im Vergleich zu den Gesamtkosten der beruflichen Bildung geringen Beträge, die für den Ausbau überbetrieblicher Einrichtungen der beruflichen Bildung im Bildungsgesamtplan vorgesehen sind, können allenfalls grobe Mißstände in einzelnen Bereichen und Regionen mildern und einige erste Experimente ermöglichen.

Ohne einen neuen Finanzierungsmodus ist aber das Berufsbildungssystem nicht grundlegend zu reformieren. Da bei zwangsläufiger Expansion der öffentlichen Bildungshaushalte durch die bereits jetzt feststehenden kontinuierlichen Aufgaben des allgemeinbildenden Schulwesens und der Wissenschaft die Kosten für die Berufsbildung nur dann auf die öffentliche Hand abgewälzt werden können, wenn die öffentlichen Haushalte insgesamt höhere Einnahmen erhalten, gleichzeitig aber Steuererhöhungen für die Gesamtheit politisch nicht akzeptabel sind, ist ein Weg zu finden, über den der öffentlichen Hand die Gelder zugeführt werden können, die für die berufliche Bildung erforderlich sind.

Es erscheint uns zum gegenwärtigen Zeitpunkt ein Umlageverfahren für einen außerhalb der öffentlichen Haushalte zu institutionalisierenden einheitlichen Berufsbildungsfonds oder eine Berufsbildungssteuer zu Lasten der Unternehmen die politisch und sozial am ehesten zu vertretende Lösung. (Vgl. zu anderen Finanzierungsmodi und zu den Problemen der Fondfinanzierung den Zwischenbericht der Sachverständigenkommissionen Kosten und Finanzierung der beruflichen Bildung, Bonn Jan. 1973). Um hier nicht eine Umverteilung zu Lasten der Klein- und Mittel- zugunsten der Großunternehmen einzuleiten, sollte das *Umlage- oder Besteuerungsverfahren auf der Basis des Umsatzes* durchgeführt werden.

Die so aufgebrachten Gelder fließen zum Teil direkt den lokalen/regionalen Selbstverwaltungseinrichtungen der Berufsausbildung zu, zum Teil werden sie zentral auf Bundes- und Landesebene verwaltet, um einen Ausgleich zwischen starken und schwachen Regionen herbeizuführen. Aus diesen Mitteln wird die Gesamtheit der materiellen und personellen Ausgaben für berufliche Bildung bestritten, einschließlich der Kosten der Selbstverwaltung, der individuellen Ausbildungsförderung und der Berufsbildungsforschung. (Zu den Verfahren der Mittelvergabe sind zentrale Richtlinien und Maßstäbe zu entwickeln, vgl. dazu Abschnitt Verwaltung).

5. *Organisation der Berufsausbildung*

a) Zur Umgestaltung der Ausbildungsordnungen

— Das jetzige, überspezialisierte, teilweise ständisch überlieferte, oft „zufällige" System der einzelnen Ausbildungsberufe wird aufgelöst. An seine Stelle treten lerntheoretisch konzipierte Grundberufe (z. B. spanabhebende Metallberufe, organisationsorientierte Büroberufe, pflegerische Berufe).

Die Qualifizierung für einen Grundberuf wird in Kursen an verschiedenen Lernorten erworben. Der Großteil dieser Kurse ist schwerpunktmäßig auf den Grundberuf bezogen und Verpflichtung für alle Lehrlinge eines Grundberufes. Sie stellen auch das Minimum dessen dar, was jeder Jugendliche außerhalb der weiterführenden Schulen und vollschulischen Berufsausbildungseinrichtungen lernen soll. Spezialisierung erfolgt nur durch die Wahl von Profilen, die in Art, Anzahl und Kombination der notwendigen Kurse möglichst frei gewählt werden können. Dabei sind auch Mehrfachspezialisierungen möglich.

— Bestandteil des Grundberufes ist eine verbreiterte und vertiefte theoretische Ausbildung, deren Schwerpunkt auf der Vermittlung technisch-naturwissenschaftlicher und sozialwissenschaftlicher Grundkenntnisse liegt (z. B. Meß-, Steuerungs- und Regeltechnik, EDV, oder Organisationskunde, oder Humanmedizin). Dazu tritt eine Fortführung und Ergänzung der „Allgemeinbildung", z. B. Deutsch, eine Fremdsprache. Diese Kurse sollten möglichst in freier Wahl allen Lehrlingen zugänglich sein, soweit sie nicht sowieso Bestandteil der beruflichen Erstqualifikation sind.

Für die Aneignung zusätzlicher Allgemeinbildung, zusätzlicher Spezialisierung oder zur Wiederholung und Vertiefung im Rahmen der Pflicht-Schwerpunktkurse muß ein ausreichender Freiraum eingeplant werden. Ein solcher Freiraum ist auch die Voraussetzung gezielter Förderung, die den Grundberufabschluß für alle Lehrlinge sichert und milieu- oder entwicklungsbedingte Schädigungen ausgleicht. Ebenso ist eine laufende Ausbildungsberatung notwendig. (Vergleiche b) und c) dieses Abschnitts).

— Die Ausbildungsordnungen der einzelnen Grundberufe enthalten die Inhalte der einzelnen Kurse (einschließlich Lernzieltortbestimmung, Methoden, materielle Bedingungen, Kenntnisvoraussetzungen und Lernortempfehlungen) sowie eine Aufstellung über den Umfang und die zeitliche Zuordnung der Kurse (mit Variationsmöglichkeiten).

Darüber hinaus sollten die Ausbildungsordnungen Empfehlungen für die Profile enthalten, um einerseits eine sinnvolle Ausbildungsberatung zu unterstützen (auch in bezug auf die spätere Arbeitssituation), die Durchsichtigkeit und Planbarkeit der Berufsausbildung zu erhöhen, andererseits die Wahlmöglichkeiten so frei zu halten, daß nicht doch wieder „unter dem Strich“ die alten Ausbildungsberufe übertragen werden.

Es können auch Empfehlungen über begleitende allgemeinbildende Kurse ausgesprochen werden — entweder in bezug auf die spätere Berufspraxis oder auf Weiterbildungsmöglichkeiten (vgl. b) dieses Abschnittes).

— Es wird deutlich, daß jede Art von Stufenausbildung herkömmlicher Art, vor allem jede Art qualitativ und zeitlich unterschiedlicher Qualifikationsabschlüsse, damit unmöglich gemacht wird. Jeder Lehrling erlernt einen vollen Grundberuf. Die Stufung der Ausbildung wird ersetzt durch die Aufteilung in Lernphasen. Dieses Prinzip bedeutet jedoch nicht eine qualitative Hierarchisierung des Lehrstoffes, sondern strukturiert nach zwei Gesichtspunkten:

(1) Es ist notwendig, eine bestimmte Breite zu erreichen, ehe an Spezialisierung gedacht werden kann, wobei beides

zeitlich miteinander verschränkt werden kann — je nach den Lehrmöglichkeiten am Ort und den Lernmöglichkeiten des Schülers.

(2) Die Abfolge der Kurse und die innere Strukturierung der Kurse richten sich nach dem Umfang des vorauszusetzenden Wissens bzw. den vorauszusetzenden Fertigkeiten für den jeweiligen Lernschritt. Das ist keine qualitative, sondern eine lernorganisatorische und lernpsychologische Verzahnung und Abfolge der Kurse.

b) Prüfungen und Abschlüsse

Ein wichtiges Steuerungsinstrument der Berufsbildung sind die Prüfungen. Ihre Anforderungen beeinflussen sowohl die betriebliche Ausbildung als auch den Berufsschulunterricht. Was in den Prüfungen verlangt wird, hat Aussicht, auch in der Ausbildung „dranzukommen", was nicht verlangt wird, zum Beispiel die politische Bildung, wird weder von den Ausbildenden noch von den Lehrlingen ernstgenommen.

Prüfungen haben noch eine zweite Funktion. Durch sie wird eine Auslese für Berufspositionen und weiterführende Ausbildungsgänge getroffen. So berechtigt das Bestehen der Lehrabschlußprüfung zu einer Beschäftigung als Facharbeiter, Handwerksgeselle, kaufmännischer Angestellter usw., aber auch zum späteren Besuch von Fachschulen. Wer die Prüfungsinhalte festlegt und die Prüfungen durchführt, übt also Macht über die Inhalte der Berufsausbildung und über die Berufs- und Bildungschancen ihrer Absolventen aus.

Gegenwärtig ist das Bundesinstitut für Berufsbildungsforschung für die Ausbildungsordnungen und damit auch für die Prüfungsinhalte zuständig. Die Durchführung der Lehrabschlußprüfungen, auch soweit sie den Berufsschulstoff betreffen, liegt bei Ausschüssen der zuständigen Stellen, zu deutsch: der Kammern, in denen zwar auch Arbeitnehmervertreter und Berufsschullehrer mitwirken, die sich aber stark an den Erwartungen der Unternehmer ausrichten, zumal wenn die Kammern die Prüfungsinhalte durch Programmierung im voraus festgelegt haben.

Diese Regelungen sind unter den gegebenen Verhältnissen auch konsequent: Ohne Prüfungshoheit keine wirksame Kontrolle des Ausbildungsverlaufs und des Ausbildungserfolgs. Sollen aber die Zuständigkeiten für die Ausbildung geändert werden, dann sind die Prüfungskompetenzen entsprechend zu verlagern. Das ergibt sich im Hinblick auf die allgemeinen Anforderungen gleichsam automatisch: Die veränderte Zuständigkeit für die Ausbildungsordnung (vgl. III 3) schließt eine veränderte Zuständigkeit für die Prüfungsordnung mit ein.

Bei der Erstellung neuer Prüfungsordnungen wären auch generelle und politische Lernziele sowie Zusatzqualifikationen zu berücksichtigen, die als Bausteine für spätere Weiterbildungsgänge in Frage kommen. Für die konkrete Festlegung der Prüfungsaufgaben und für die Durchführung der Prüfungen sollte — nach dem Grundsatz: wer lehrt, prüft — die Berufsschule das Recht bekommen, den theoretischen Teil der Prüfung abzunehmen. Die Gesamtkompetenz für die Abnahme der Prüfungen wird den Kammern entzogen und den regionalen BBV übertragen (vgl. Kap. III 3).

An die Stelle der bisherigen Zwischen- und Abschlußprüfungen sollen laufende Lernerfolgskontrollen treten. Was dabei geprüft wird, sollte den Lernenden von vornherein aus den — neu zu erarbeitenden — Curricula einsichtig sein. Ebenso einsichtig müßte das Prüfungs- und Bewertungsverfahren sein, so daß die Lernenden ihre Lernerfolge prinzipiell auch selber prüfen können. Der Zweck solcher laufenden Erfolgskontrollen ist nicht die frühzeitige Trennung von leistungsstärkeren und leistungsschwächeren Jugendlichen, sondern die gezielte Förderung der Einzelnen im weiteren Verlauf der Ausbildung.

Die Qualifikationsnachweise der neukonzipierten beruflichen Erstausbildung schließen generell eine Kompetenz für weiterführendes Lernen ein, wozu auch die sogenannte Studierfähigkeit gehört. Notwendig ist dazu jedoch langfristig eine Neubestimmung dieser Lernkompetenz, die unmittelbar an der beruflichen Qualifikation festgemacht werden muß (z. B. Eingangsvoraussetzungen, Studienreform). Die bei Realisierung der hier vorgeschlagenen Reform der jetzigen beruflichen Erstausbildung erworbene Lernkompetenz macht eine zeitlich und inhaltlich fixierte zusätzliche Schulstufe vor dem Studium überflüssig. Die bisherige Fachoberschule (FOS) verliert damit ihre bisherige begrenzte Funktion. Sie integriert sich als Angebot von theoretischen und praktischen Kursen in die berufliche Erstausbildung, um während dieser Ausbildung (Freiraum) oder nachher genau angegebene Qualifikationslücken zwischen beruflicher Erstqualifikation und gewünschtem Studium zu schließen.

c) Berufsfindung und Ausbildungsberatung

Die systembedingte Degradierung der Berufsberatung zu einer Verteilerinstanz zwischen individueller Nachfrage und regional „zufälligem" Angebot an Lehrstellen, die Zersplitterung der Lehrberufe, die Unqualifiziertheit vieler sog. Berufe, die Wertlosigkeit vieler Ausbildungen durch die „Lehrlingszüchterei", die völlig mangelhafte Information und Vorbereitung, der punktuelle Charakter der jetzigen Berufsberatung und das durch fehlende Problematisierung der Berufswahl im vorberuflichen Bildungssystem fast kaum vorhandene und kaum profilierte Anspruchsniveau der zukünftigen Lehrlinge u. a. führen dazu, daß viele Lehrlinge ihre Berufs- und Lehrbetriebswahl früher oder später bereuen müssen. Berufswahl ist für die Mehrheit der Schulabgänger unter dem Gesichtspunkt der optimalen Vermittlung von Eignung, Neigung, Ausbildungsqualität und Berufssicherheit eine Sache des Zufalls .

Berufswahl muß eingebettet werden in einen langjährigen Prozeß der Erkundung und Erprobung vor dem Eintritt in die Sekundarstufe II und durch eine fortwährende Ausbildungsberatung während der Lehrzeit und im späteren Berufsleben. Das erstere ist eine Frage der Neugestaltung der Sekundarstufe I, das letztere der inhaltlichen und organisatorischen Neufassung der beruflichen Weiterbildung, die eng mit einer reformierten beruflichen Erstausbildung verzahnt werden muß. Diese Probleme können wir hier nur benennen. Die hier vorgeschlagenen Reformen tragen aber „nebenbei" bereits zu einer wesentlichen Verbesserung der Berufswahlsituation bei:

— Die insgesamt qualifiziertere und stärker theoretisierte Ausbildung, die bessere Weiterbildungsmöglichkeiten und stärkere Positionen am Arbeitsmarkt eröffnet, nimmt der Entscheidung über den weiteren Bildungsgang eingangs der Sekundarstufe II schon etwas von der jetzigen Schwere und den Charakter der verhängnisvollen Endgültigkeit.

— Qualitativ gleichwertige gute Lernorte, die Wechselmöglichkeit zwischen ihnen, die Reduzierung des Angebots an speziellen Berufsausbildungen und die fehlende „Lehrlingszüchterei" vereinfachen den Wahlakt, weil sie das „Ziehen von Nieten" minimieren, soweit es sich um die Ausbildung selber und um die spätere Arbeitsmarktsituation handelt.

— Die Einbeziehung der Berufsberatung in die BBV bedingt bessere Informationen, mehr Durchsichtigkeit, stärkere Möglichkeiten der personellen Verstärkung und der Erweiterung der Beratung auf den gesamten Zeitraum der beruflichen Erstausbildung.

— Die Wahlmöglichkeit unter Kursen und Profilen und die breite Grundbildung in einem Grundberuf machen Berufsfindung als Erprobungsprozeß unter Minimierung der Umwege möglich. Das wird durch die Durchsichtigkeit der Curricula unterstützt.

— Schließlich ermöglicht das neu geregelte Angebot an Lernorten und Lernkonzepten nicht nur die Integration der verschiedenen Bildungsmöglichkeiten in der Sekundarstufe II, sondern auch die intensivere und objektivere Einführung praktischer Erkundungen und theoretischer Einsichten in der Sekundarstufe I (Arbeitslehre), erleichtert also die dort notwendige Neugestaltung.

6. Qualifikation des Ausbildungspersonals

Für die Planung, die Organisation, die Beratung und den Vollzug der Berufsausbildung sind Ausbilder, Ausbildungsleiter, Ausbildungsberater und Lehrer mitverantwortlich. Ihre Ausbildung, Stellung und Tätigkeit ergibt sich aus der Funktion beruflicher Bildung, Jugendliche nicht nur fachlich zu qualifizieren (praktisch und theoretisch) und dabei vorhandene Mängel ihrer bisherigen Vorbildung auszugleichen, sondern sie darüber hinaus instandzusetzen, an der Gestaltung der Arbeitsverhältnisse im Interesse der abhängig Arbeitenden aktiv und erfolgreich mitzuwirken.

Sollen die Verantwortlichen hierzu fähig, bereit und in der Lage sein, dann

— müssen sie selbst jene fachlichen und sozialen Qualifikationen erworben haben, die sie den Jugendlichen weitervermitteln sollen,
— benötigen sie außerdem besondere organisatorische und pädagogische Qualifikationen, um die erworbenen Kenntnisse, Fertigkeiten und Einstellungen weitergeben zu können und
— muß ihre eigene Stellung so gesichert und ihre Tätigkeit so vielseitig und selbständig sein, daß sie den Jugendlichen jene beruflichen Handlungs- und Verhaltensmöglichkeiten, zu denen sie erziehen sollen, überzeugend vorleben können.

a) Die zukünftige Ausbildung der Ausbilder

Die *Ausbildung* aller genannten Gruppen muß folgende Elemente enthalten:

— betriebliche Praxis (zur Sammlung fachlicher und sozialer Erfahrungen),
— theoretische Analyse von Arbeits- und Lernprozessen und von Ausbildungsinstitutionen und ihren Veränderungen sowie
— Einführung in die Praxis der Organisation und Anleitung beruflichen Lernens.

Die drei Elemente sollten nicht in nacheinander ablaufenden Ausbildungsabschnitten absolviert werden, die verschiedenen Institutionen zugeordnet und voneinander isoliert sind. Wünschenswert erscheint vielmehr eine einphasige, zentral gesteuerte Ausbildung mit weitgehender Verzahnung von Betriebspraxis, theoretischer Ausbildung und pädagogischer Praxis, in der diese Bestandteile lediglich aufeinanderfolgende Schwerpunkte darstellen. Im Rahmen der theoretischen Ausbildung sollte besonders darauf geachtet werden, daß die Studierenden die Zusammenhänge zwischen technischen, ökonomischen, gesellschaftlichen und politischen Seiten von Arbeits- und Lernprozessen erkennen.

Prinzipiell muß dazu die folgende Ausbildung angesteuert werden: Ausbildungsdauer und Abschlußniveau der hauptberuflichen Ausbilder, Ausbildungsleiter/berater und Lehrer für den beruflichen Unterricht sollten ähnlich wie bei den Lehrern an der Gymnasialoberstufe gestaltet werden, die die Alterskollegen der Lehrlinge und Jungarbeiter unterrichten. Diese Forderung, die sich aus dem Gleichheitsgrundsatz ergibt, sollte jedoch nicht im Sinne einer schematischen Anpassung an die Ausbildung der Studienräte mitverstanden werden (die den Gewerbe- und Handelslehrern schon viel geschadet hat); vielmehr müssen die Ausbildungsinhalte aller genannten Personengruppen aufgabenspezifisch festgelegt werden: Betriebsausbilder und Lehrer für den praktischen Unterricht müssen besonders gründlich betriebspraktisch vorgebildet werden, angehende Ausbildungsleiter und Ausbildungsberater in überdurchschnittlichem Maße organisatorische Kenntnisse, Fertigkeiten und Fähigkeiten erwerben. Um der erforderlichen Vielseitigkeit und Zusammenarbeit willen ist jedoch jede einseitige Spezialisierung zu vermeiden.

Als Ausbildungsstätten für Betriebsausbilder und vergleichbare Lehrer kommen Fachschulen, für die übrigen Gruppen neben den Hochschulen, die die Lehrerbildung seit langem betreiben, Fachhochschulen in Betracht. Die Qualifizierung einer ausreichenden Anzahl betriebserfahrener Fachkräfte zu Ausbildern und die Höherqualifizierung von Ausbildern und Lehrern für den praktischen Unterricht zu Ausbildungsleitern, Ausbildungsberatern und Lehrern für den theoretischen Unterricht ist finanziell zu fördern.

b) Sofortprogramm zur Ausbildung und zur Rechtsstellung der Ausbilder

Als Sofortlösung ist die *Qualifizierung* aller hauptberuflich bzw. verantwortlich tätigen Ausbilder auf dem Niveau der jetzigen Ausbilder-Eignungs-Verordnung anzustreben. Der bisherige Mißerfolg dieser Verordnung zwingt jedoch zu raschen Ergänzungen in zwei Punkten:

— Angebote an vollzeitlichen Kursen (ohne Verdienstausfall);
— Regelung von Rechtsansprüchen auf Beschäftigung und entsprechende Bezahlung im Rahmen einer Neustrukturierung der Organisation (betrieblicher) Berufsausbildung.

Im gleichen Anlauf sollte eine Überprüfung und nötigenfalls Revision der Lehrinhalte von den von uns formulierten Ansprüchen her stattfinden.

Die *Rechtsstellung* der Ausbilder ist so zu verändern, daß sie unabhängig von einseitigen Herrschaftsinteressen oder Befehlskompetenzen ihre Arbeit verrichten können. Alle Ausbilder in produktionsunabhängigen Lernorten (einschließlich Lehrwerkstätten der Betriebe) werden von der Leitstelle akkreditiert und angestellt.

Die verantwortlichen Ausbilder in der Produktion werden von der Leitstelle akkreditiert, bleiben aber Beschäftigte des Betriebes. Über die Akkreditierungspflicht und die Aufsicht sind sie somit in hinreichendem Maße auch dem Einfluß der Leitstelle und damit der Selbstverwaltung unterworfen.

c) Tätigkeitsfelder und Weiterbildung der Ausbilder

Wenn Ausbilder, Ausbildungsleiter/berater und Lehrer ihre Aufgaben kooperativ im Interesse der Lernenden erfüllen sollen, dann müssen sie nicht nur vielseitig ausgebildet sein, sie dürfen sich auch in ihrer *Tätigkeit* nicht völlig spezialisieren: Der Betriebsausbilder sollte spontane Fragen der Jugendlichen, die auf theoretische Grundlagen der praktischen Arbeit zielen, beantworten, der Lehrer theoretische Ausführungen durch praktische Vorführungen illustrieren, der Ausbildungsleiter/berater Kurse nicht nur organisieren oder empfehlen, sondern auch selber halten, der Lehrer und Ausbilder auch Entwicklungs-, Planungs-, Organisations- und Beratungsaufgaben erfüllen und hierfür die nötige Zeit zur Verfügung haben können (Stundenermäßigung der Lehrer usw.). Alle müssen außerdem regelmäßig Gelegenheit erhalten, sich fachlich, pädagogisch und unterrichtsorganisatorisch, theoretisch und praktisch weiterzuqualifizieren (Bildungsurlaub). Denn die Auszubildenden können nur soweit auf die Wiedervereinigung von Verfügen und Ausführen, Denken und Tun, Lernen und Arbeiten vorbereitet werden, wie die Ausbildenden selbst die Einheit dieser Funktionen verkörpern.

7. Verbesserung der sozialen Situation der Lehrlinge

Die bisher vorgeschlagene inhaltliche und organisatorische Umstrukturierung der beruflichen Erstausbildung zielt in erster Linie darauf ab, Bildung als Instrument für die Verbesserung zukünftiger Lebensgestaltungschancen zu betrachten und den Beitrag, den Bildung dazu leisten kann, tendenziell für alle Jugendlichen gleich zu gestalten und insgesamt zu erhöhen. Zielsetzung ist es, den Jugendlichen zunehmend zur Gestaltung der Bedingungen zu befähigen, die für die Realisierung bestimmend sind.

Dabei gilt einerseits, daß dieses Ziel tendenziell bereits im Prozeß der Ausbildung realisiert werden muß, d. h., der Jugendliche muß auch im Prozeß seiner Qualifizierung als Subjekt behandelt werden (z. B. Mitbestimmung). Andererseits gilt, daß einige Postulate der demokratischen Bildungsreform und sozialer Gleichbehandlung auch unabhängig von Lern*zielen* bereits in der Ausbildung realisiert werden müssen. Grundlage dieser Forderung ist die Tatsache, daß der Jugendliche ja auch im Prozeß der Ausbildung selber Anspruch auf Chancengleichheit (gegenüber Gleichaltrigen in anderen Bildungszweigen) in der Gestaltung seines *jetzigen* Lebens hat.

a) Arbeits- und Lernbelastungen

Diese Forderung bedeutet: Es ist dafür zu sorgen, daß der Lehrling, gemessen am Schüler in weiterführenden Schulzweigen, nicht wie bisher größeren physischen und psychischen Belastungen ausgesetzt ist. Demokratisierung der Ausbildung und bessere Lernbedingungen und Lernmotivationen im Sinne der hier geforderten Reform sind sicher auch Mittel dazu. Es gilt aber darüber hinaus, die besondere Belastung des Lehrlings in einigen Punkten abzubauen:

Das JArbSchG ist mindestens auf der Grundlage der Forderungen des DGB zu reformieren. Die Überwachung sollte, zumindest als Kontrollauftrag, neben den Betriebsräten und Jugendvertretungen auch den Selbstverwaltungsorganen der Berufsausbildung übertragen werden (federführend bleibt vorläufig die Gewerbeaufsicht). Diese Forderung ist vornehmlich an der Frage des Gesundheitsschutzes orientiert.

Sie zielt damit gleichzeitig auf die Erhaltung zukünftiger Leistungsfähigkeit wie auch auf den Abbau jetziger Belastungen im Sinne der Gleichbehandlung von Jugendlichen in verschiedenen Bildungswegen.

Das Letztere erfordert aber noch mehr:

Über die Forderungen des DGB hinaus ist es notwendig, die Arbeits- bzw. Lernzeitbestimmungen nach der realen zeitlichen Gesamtbelastung anzusetzen, zumindest in Durchschnittswerten. So sind alle aufgetragenen Lernleistungen grundsätzlich Bestandteil der gesetzlichen Arbeits- bzw. Lernzeit (z. B. Hausaufgaben). Hier sind auch die Wegezeiten zu den Bildungsstätten, die für Lehrlinge im Durchschnitt größer sind als für Vollzeitschüler, einzukalkulieren.

Außerdem ist die Urlaubsregelung — wenigstens stufenweise — denen der allgemeinbildenden Schulen anzugleichen.

Da durch die Verlängerung der vorberuflichen Schulbildung bzw. die Einführung des Berufsbildungsgrundjahres der Eintritt der Jugendlichen in die „duale“ Ausbildung zunehmend später erfolgt, entsteht bei der Begrenzung des JArbSchG auf 18 Jahre eine immer stärker in die Lehrzeit verlagerte Bruchsituation. Zumindest für die Dauer der Lehrzeit müssen also die entsprechenden Bestimmungen auch über das 18. Lebensjahr hinaus gelten. Ansonsten gelten sie prinzipiell auch für Jugendliche ohne Ausbildungsvertrag, solange es solche Fälle gibt (vgl. Punkt 8 dieses Kapitels).

b) Materielle Unterstützung

Ein wesentlicher Bestandteil der sozialen Situation ist die Bezahlung des Lehrlings.

Diese Bezahlung hat zum einen eine Entlastungswirkung für die Elternhäuser (im Sinne des Abbaus materieller Bildungshindernisse) als auch des sozialen Ausgleichs gegenüber der durchschnittlich besseren materiellen Situation der Eltern von Oberschülern.

Zum anderen besteht die Funktion dieser „Ausbildungsbeihilfe“ im möglichen Zugewinn an Selbständigkeit der Jugendlichen gegenüber dem Elternhaus. Schließlich hängen von der Höhe dieser „Ausbildungsbeihilfen“ die Realisierungschancen ihrer persönlichen Lebensgestaltung ab.

Diese verschiedenen wichtigen Funktionen der „Ausbildungsbeihilfe“ machen deutlich, daß eine unterschiedliche Bezahlung der Lehrlinge — soweit sie nicht sozialen Gesichtspunkten entspricht — mit keinem Argument zu rechtfertigen ist. Daß unterschiedliche Bezahlung ein zusätzlicher Faktor irrationaler Berufs„wahl“ ist, sei nur am Rande vermerkt, ebenso, daß jede Differenzierung nach Arbeitsleistung allen Bestrebungen nach einer Verbesserung der Berufsausbildung strikt zuwiderläuft. Einzuführen ist eine Bezahlung, die für alle Lehrlinge gleich hoch ist. Grundlage dieser in Stufen zu realisierenden Forderung sind die jetzigen BaFöG-Sätze. Die Mittel sind Bestandteil der in Kap. III 4 vorgeschlagenen Finanzierungsregelung.

Die angeführten Funktionen dieser Bezahlung rechtfertigen eine leichte Staffelung nach Lehrjahren bzw. dem Lebensalter. Diese „Ausbildungsbeihilfe“ sollte nicht nach der familiären Bedürftigkeit gewährt werden. Außerdem sollte sie dynamisiert sein. Beide Regelungen (Familienunabhängigkeit und Dynamisierung) weichen vom jetzigen BaFöG ab.

Beide Abweichungen sollen als vorantreibendes Element gegenüber der Behandlung der Schüler in weiterführenden allgemeinbildenden Schulen verstanden werden. Es wäre ja nicht zu kritisieren, wenn die qualitativen Abweichungen, die Berufsausbildung gegenüber dem sonstigen Bildungssystem aufweist, in einigen Punkten (z. B. Mitbestimmung, Bezahlung) progressive Abweichungen sind, soweit damit positive Effekte auf die Neugestaltung des gesamten Bildungswesens ausgeübt werden.

8. Ausbildung und Qualifizierung der Jungarbeiter

Die große Gruppe der sog. Jungarbeiter, d. h. der Jugendlichen ohne Ausbildungsverhältnis, wird in den Diskussionen und Vorschlägen zur Reform des Bildungswesens auf der Sekundarstufe II noch immer als Randgruppe behandelt, obwohl beinahe jeder sechste Berufsschüler dieser Gruppe zuzurechnen ist. Mit rd. 240.000 Jugendlichen gehören ihr fast soviele Berufsschulpflichtige an, wie die Industrie- und Handelskammern an gewerblichen Lehrlingen registrieren. Man vergleiche den berufsbildungspolitischen Aufwand um die Reform der industriellen Lehrlingsausbildung, und die Chancenungleichheit springt geradezu in die Augen.

Dabei beginnt die Chancenungleichheit nicht erst auf der Sekundarstufe II. Die bildungspolitische Benachteiligung der als Jungarbeiter bezeichneten Gruppe ist schon durch die unterschichtspezifischen Sozialisationsbedingungen gegeben, denen diese Jugendlichen zum mit Abstand größtem Teil ausgesetzt sind. Dort, wo dies in solcher Schärfe nicht gilt, behindern geschlechtsspezifische Sozialisationsnormen einen beruflichen Start: bei den weiblichen Jungarbeitern, die fast 70 % der Gruppe ausmacht.

Will man also dem Jungarbeiterproblem beikommen, wird man die bildungspolitischen Überlegungen nicht allein auf die Sekundarstufe II richten dürfen. Die Veränderung der Situation der Jungarbeiter kann nicht erst nach dem Verlassen der Sekundarstufe I einsetzen, sondern muß spätestens in dieser Stufe begonnen werden. Ausgangspunkt darauf gerichteter Bemühungen muß die genaue Kennnis der Bedingungen dieser Schüler sein: Kenntnis der sozialen und ökonomischen Situation des Elternhauses, Kenntnis ihrer Lernbarrieren, Kenntnis ihrer evtl. nicht mehr korrigierbaren Schädigungen (auch solche körperlicher Art). Von diesen Kenntnissen aus muß eine Erziehungs- und Lernform entwickelt werden, die die Lernfähigkeiten dieser Kinder und Jugendlichen voll ausbildet.

Notwendig wäre dazu ein Unterricht, der nicht nur von Lehrern erteilt wird, sondern von einem Team von Erziehern (Psychologe, Fachlehrer, Sozialpädagoge, Arbeitslehre/Polytechnik-Lehrer, Werklehrer). Es müßten in der Schule rechtzeitig Arbeitspruppen gebildet werden, die sowohl Einzelbetreuung wie Gruppenbetreuung bzw. -lernen ermöglichen, ohne die behinderten Schüler in „Nachbleibergruppen" zu isolieren oder Schulschädigungen zu verfestigen. (Für einen Teil dieser Kinder wird es langfristig notwendig sein, sie in der Woche in Schulinternaten unterzubringen, da in ihrem häuslichen Milieu die Lernfortschritte nicht stabilisierbar sind).

Das verlangt aber auch in oder eingangs der Sekundarstufe II die Einrichtung neuer Ausbildungswege, die an den Lernbedürfnissen dieser Jugendlichen orientiert sein müssen. Das zu betonen, heißt,

— daß man diese Jugendlichen nicht einfach oder auf irgendwelchen Umwegen in die herkömmlichen Ausbildungsgänge einschleusen kann;
— daß ihren Lernbehinderungen Rechnung zu tragen ist;
— daß dies alles aber doch dem Ziel dienen muß, den Jugendlichen berufspädagogisch so weit zu fördern, daß er eine betrieblich-berufliche Funktion zu übernehmen in die Lage kommt.

Damit ist deutlich gemacht, daß es nicht genügt, sich auf die allgemeinen Pläne zur Vermittlung einer beruflichen Erstausbildung für alle Jugendlichen, also auch für den (heutigen) Jungarbeiter zu beziehen und sich damit zu beschränken. Notwendig ist also neben der Verbesserung der Lernsituation für diese Jungen und Mädchen in der Sekundarstufe I — unabhängig von der Reform der Sekundarstufe I — auch eine vor die berufliche Erstausbildung geschaltete sozialtherapeutisch ausgerichtete Lernphase von ca. 1 bis 2 Jahren, die diesen Jugendlichen *Ausbildungsreife* vermitteln soll. Das ist etwas anderes als die bisherigen Berufsfindungs- bzw. das jetzige Berufsbildungsgrundjahr. Eine solche Lernphase setzt voraus, daß — zumindest für den Großteil der Betroffenen — Schwerpunkt der Lernmethoden und Lernziele zuerst auf die Entwicklung „praktischer" und künstlerischer Fähigkeiten gelegt wird, auf die Entwicklung von Selbstvertrauen, und dann erst auf den Versuch, über diese Prozesse auch die kognitiven Fähigkeiten des Jugendlichen aufzuschließen. (Als Beispiele für die Institutionalisierung solcher Prozesse nennen wir Voith/Heidenheim und die Schule der Büttner-Werke in Krefeld). Die Unterschiedlichkeit der Lernbehinderungen erfordert jedoch auch unterschiedliche Methoden. Lernziel ist aber immer die Ausbildungsreife.

Ausbildungsreife bedeutet aber nicht nur die Vermittlung der Lernkompetenz für die berufliche Erstausbildung. Für diese Gruppe muß die sozialtherapeutische Zwischenphase einmünden in einen Unterricht, der Berufswahl ermöglicht. Wie Untersuchungen gezeigt haben, liegt eines der wichtigen Motive für den direkten Eintritt in ein Arbeitsverhältnis in der großen Berufswahlunsicherheit der Jugendlichen. Diese Unsicherheit ist einmal dem sozialisationsbedingten Immobilismus der Unterschicht anzulasten — nachgewiesenermaßen werden vor allem die Kinder von Hilfsarbeitern wieder Hilfsarbeiter. Die Unsicherheit steigt zudem mit dem Grad der Lernbehinderung, zumindest wird die Berufsentscheidung lange hinausgezögert. Hier sind Einrichtungen zur Entwicklung der Berufswahlreife und zur Berufsvorbereitung dringend erforderlich. Ziel muß es sein, alle diese Jugendlichen in die berufliche Erstausbildung zu führen (Sekundarstufe II). Trotzdem wird nicht auszuschließen sein, daß Jugendliche nicht in der Lage sind, in die berufliche Erstausbildung einzutreten oder diese ganz zu durchlaufen. Als Minimum innerhalb der Ausbildungspflicht muß eine Lernphase nach der sozialtherapeutischen Zwischenstufe vorgesehen werden, die es den Schülern ermöglicht, mit den Anforderungen einer Einarbeitungstätigkeit (oder je nach Lern- und Leistungsfähigkeit auch niedrigerer betrieblicher Tätigkeiten) bekannt und vertraut zu werden.

Die Kursmöglichkeiten in der neugestalteten Erstausbildung sowie die Einführung von Grundberufen und die Pluralität der Lernorte ermöglichen es, im Rahmen der Erstausbildung solche speziellen Programme einzurichten. Sie ermöglichen es aber auch, das Ziel der beruflichen Erstausbildung voll anzusteuern, wenn eine den spezifischen Lernfähigkeiten analoge Struktur der Lernphasen gewählt wird. Jedenfalls wird ein großer Teil dieser Jugendlichen trotz dazwischengeschalteter sozialtherapeutischer Lernphase auch in der beruflichen Erstausbildung eine zusätzliche Betreuung nötig haben. Bei „Abbrechern" soll darauf geachtet werden, daß der Umfang und das Profil der bisherigen Ausbildung eine teilberufliche Tätigkeit erlauben. (Das muß aber auch durch entsprechende tarifpolitische Anstrengungen der Gewerkschaften unterstützt werden).

Es ist erforderlich, von der öffentlichen Hand genügend Ausbildungsplätze für diese Ausbildungsform bereitzustellen. Dazu gehört die Entwicklung von entsprechenden Unterrichtseinheiten und Unterrichtsmethoden. Es verlangt aber auch eigens dafür geschulte Lehrer, Ausbilder (Werkstattlehrer) und Bildungsberater, Sozialpädagogen und Schulpsychologen. In allen diesen Punkten ist eine enge Kooperation zwischen allen Lernorten im Rahmen der regionalen BBV notwendig. Vor allem in der Anlaufzeit eines solchen Programms sollten die notwendigen Schritte im Rahmen eines gezielten Sonderprogramms stattfinden.

Lernplätze sind speziell in Ausbildungsstätten, vor allem in den Berufsschulen, bereitzustellen. Die bisherigen „Allgemeinen Berufsschulen" müßten sich im Rahmen ihrer tendenziellen Auflösung in Lernstätten für die sozialtherapeutische Zwischenphase umwandeln. Zur Heranbildung des notwendigen Lehrpersonals sind Medienverbundsysteme verstärkt einzusetzen, vor allem auch die sozialpädagogischen Fachhochschulen auszubauen und inhaltlich entsprechend zu erweitern. Alle jetzt vorgenommenen Änderungen müssen vordringlich ein Ziel haben: Die Jungarbeiter nicht so weit wie möglich in praktische Fertigkeiten einzutrimmen, sondern zuerst einmal ausbildungsreif zu machen, um sie dann weitestmöglich in die Erstausbildung zu integrieren. Unabhängig vom Zeitraum dieser Reform sind *alle* Jugendlichen mindestens bis zum 18. Lebensjahr in der Bezahlung und im JArbSchG gleichgestellt.

Obwohl die Neugestaltung der beruflichen Erstausbildung einen großen Teil der potentiellen Jungarbeiter zukünftig „absaugen" wird (Berufswahltransparenz, Sicherung vor unterbezahlter und zukunftsloser Scheinlehre, bessere Lernmotivation usw.), bleibt die Aufgabe noch groß. Aber jede Reform der beruflichen Erstausbildung entscheidet sich letztlich daran, ob sie es vermag, *allen* Jugendlichen zumindest die Lernkompetenz zu sichern und sie dann auch entsprechend zu qualifizieren. Nicht die Qualität eines *Bildungszweiges* anzuheben, sondern die Ausbildungsqualität *aller Jugendlichen* — das ist die Aufgabe der Berufsausbildungsreform. Elitäre Differenzierung soll nicht nach unten verlagert, sondern — zumindest im Bildungssystem — aufgehoben werden.

9. Die Notwendigkeit von Modellversuchen

Das hier vorgelegte Reformprogramm konkretisiert sich in neuen Strukturen des beruflichen Bildungswesens im Rahmen der Oberstufenreform. Die zugleich entwickelten Forderungen

- nach einer inhaltlichen Veränderung
- nach lernortübergreifenden Curricula,
- nach Geschlossenheit des beruflichen Bildungsganges durch didaktische Koordiniation der Lernorte,
- nach ganzheitlicher Bildung, durch die im Verbund mit der fachlichen Qualifizierung personale und soziale Kompetenzen vermittelt werden,

müssen noch konkretisiert werden. Solche Konkretisierungen inhaltlicher Umsetzung des Bildungswesens können nicht nur erdacht, sie müssen entwickelt und erprobt werden.

Das Instrument zu einer solchen sich entwickelnden Konzeption ist der *Modellversuch,* sein Ort der unmittelbare Prozeß des Lehrens und Lernens. Die Unterzeichner glauben, daß die hier beschriebene Struktur einer neuen Berufsbildungsverwaltung solche inhaltliche Bildungsreform nicht nur begünstigt, sondern für sie eine unabdingbare Voraussetzung ist. Initiative, Teilhabe und Unabhängigkeit sind Eigenschaften einer sich in der Form der Selbstverwaltung regelnden Gruppe. Diese Eigenschaften sind der Boden, auf dem sich neue Fortschritte als Modellversuch verwirklichen, erproben und beispielgebend konkretisieren lassen. Darum muß in gesetzlich gesicherter Form gewährleistet sein:

- daß die Berufsbildungsräte berechtigt sind, durch Modellversuche neue Ausbildungsinhalte und Ausbildungsformen zu entwickeln und zu erproben;
- daß diese Versuche auf die Entwicklung lernortspezifischer Curricula, auf eine Neukonzeption in der Aufgabenteilung zwischen den Lernorten, auf die Realisierung neuer Prinzipien der Wechselbeziehungen von Ausbildungsinhalten

und künftigen Tätigkeitsinhalten gerichtet sein dürfen und darin nicht durch die geltenden Ausbildungsordnungen eingeschränkt werden;

— daß die dafür notwendigen finanziellen Mittel der eigenverantwortlichen Entscheidung der regionalen Berufsbildungsräte zur Verfügung gestellt werden.

Die Modellversuche sollen durch ebenfalls regionale Einrichtungen der Berufsbildungsforschung (wie Abteilungen von Hochschulen und Pädagogischen Zentren) wissenschaftlich begleitet, ausgewertet und in ihren Ergebnissen dargestellt werden. Was so „vor Ort“ in großer Vielzahl und Breite entwickelt und erprobt wird, bildet die Grundlage für die Erstellung neuer Ausbildungsordnungen. Der regionale — von der Selbstverwaltung initiierte und verantwortete — Modellversuch ist damit nicht nur geeignetes Instrument zu einer praxisbezogenen Verwirklichung auch der inhaltlichen Prinzipien der hier geforderten Bildungsreform, sondern zugleich auch Gewähr für die notwendige fortwährende Veränderung und Weiterentwicklung, sei es, um der fortschreitenden Technologie zu entsprechen, sei es um neue pädagogische oder gesellschaftliche Vorstellungen zu verwirklichen.

10. Ausgewählte weitere Stellungnahmen (Dokumentation)

Aktionsprogramm für eine bessere berufliche Bildung der Landesregierung Rheinland Pfalz,

8. 6. 1973

Antrag der Fraktion der CDU/CSU im Deutschen Bundestag betr. Sofortprogramm zur Verbesserung der beruflichen Bildung vom 21. 12. 1971

Berliner Programm der CDU, 2. Fassung, 1971

Berufsbildungsbericht,

Senat der freien und Hansestadt Hamburg, 1972

Beschluß der Vollversammlung des Deutschen Industrie- und Handelstages vom 25. 10. 1973 zur Reform der beruflichen Bildung

Bildung — Beruf — Aufstieg,
Grundsätze zur Berufsbildungspolitik, hrsg. vom Kultusministerium und dem Ministerium für Wirtschaft und Verkehr des Landes Schleswig-Holstein, Kiel 1971

Bund-Länder-Kommission für Bildungsplanung: Vorschläge für die Durchführung vordringlicher Maßnahmen, Bonn, beschlossen am 6. Juli 1972

Der Bundesminister für Bildung und Wissenschaft,
Bildungsbericht 1970, Bericht der Bundesregierung zur Bildungspolitik
Bonn 1970

Der Bundesminister für Arbeit und Sozialordnung,
Aktionsprogramm Berufliche Bildung,
Bonn, November 1970

Deutscher Bildungsrat,
Strukturplan für das Bildungswesen verabschiedet am 13. 2. 1970
Bonn 1970

ders.,
Empfehlungen der Bildungskommission zur Verbesserung der Lehrlingsausbildung vom 30./31. Januar 1969
Bonn 1969

ders.: Empfehlungen zur Neuordnung der Sekundarstufe II. Bonn, 1974 (Entwurf)

Entwurf eines Gesetzes zur Förderung der Berufsausbildung,
Senator für Arbeit und Soziales,
Berlin, 9. 6. 1971

Forderungen des deutschen Lehrerverbandes zum Verhältnis von beruflichen und allgemeinen Bildungsgängen und -abschlüssen in der Sekundarstufe II
März 1973

Grundsätze zur Integration berufsbezogener und studienbezogener Bildungsgänge in der Sekundarstufe II, Beschluß des GEW-Kongresses 1971

Reform der beruflichen Bildung,
Entwurf der Kommission „Berufliche Bildung“ der CDU/CSU-Fraktion des Deutschen Bundestages und der CDU-Bundespartei vom 29. Mai 1973

Sachverständigenkommission Kosten und Finanzierung der Beruflichen Bildung, Zwischenbericht,
Bonn (BMBW), 31. 1. 1973

dies.: Abschlußbericht, Bonn (BMBW), 6. 3. 1974

Situation, Weiterentwicklung und Reform der Beruflichen Bildung, Antwort der Landesregierung von Nordrhein-Westfalen auf die große Anfrage 9 der Fraktionen der SPD und FDP vom 1. 12. 1972, NRW, Landtagsdrucksache 7/2244 vom 1. 12. 1972

SPD: Modell für ein demokratisches Bildungswesen,
Bonn, 1969

SPD: Entschließung auf dem Parteitag 1970 in Saarbrücken zur Berufsausbildung

Stellungnahme des Handwerks zur Diskussion über Reformen der beruflichen Bildung,
Bonn, Juli 1973

Stuttgarter Leitlinien einer Liberalen Bildungspolitik, beschlossen vom F.D.P.-Bundeshauptausschuß am 16. März 1972

Thesen zur Mitbestimmung an überbetrieblichen und außerbetrieblichen Bildungseinrichtungen des Bundesausschusses für Berufliche Bildung des DGB, veröffentlicht im April 1973

Schlagwortregister

Aktuelle Dokumente de Gruyter

Dokumentationen zu aktuellen Problemen in Recht, Politik und Wirtschaft
herausgegeben von Ingo von Münch

Parlamentsreform in der Bundesrepublik Deutschland

Dokumente und Erläuterungen zur Reform von Aufgabe und Arbeit des Parlaments und seiner Abgeordneten im parlamentarischen Regierungssystem

Zusammengestellt und mit einer Einführung versehen von Helmuth C. F. Liesegang

163 Seiten. 1974. DM 16,80. ISBN 3 11 004539 7

Aus dem Inhalt:

Einführung — Ehrenordnung für Abgeordnete — Imperatives Mandat — Abgeordnetenbestechung — Die Arbeit der Untersuchungsausschüsse — Ombudsman — Überlastung der Parlamente — Wirksamere Kontrolle der Exekutive — Planungskontrolle.

W DE G

Aktuelle Dokumente de Gruyter

Dokumentationen zu aktuellen Problemen
in Recht, Politik und Wirtschaft
herausgegeben von Ingo von Münch

Soziale Marktwirtschaft

Zusammengestellt von Dirk Geitner und Peter Pulte

187 Seiten. 1974. DM 14,80
ISBN 3 11 004598 2

Einführung — Alternativ-Modelle: Sozialismus — Liberalismus. — Ordoliberalismus als Vorläufer der sozialen Marktwirtschaft. — Reden: Erhard — Adenauer — Schumacher — Schiller — Friederichs. — Programme Parteien (CDU - SPD - F.D.P.) — Gewerkschaften (DGB - DAG - CGD) — Arbeitgeberverbände (BDA - BDI - DIHT) — Kirchen (Kath. Kirche - Evangelische Kirche) — Wissenschaftliche Aussagen: Kritik an der sozialen Marktwirtschaft — Verteidigung der sozialen Marktwirtschaft (Beitrag von Müller Armack) — Soziale Marktwirtschaft und Grundgesetz (Verbot der Einführung der Planwirtschaft — Wirtschaftsrechtliche Neutralität der Verfassung).

Aktuelle Dokumente de Gruyter

Dokumentationen zu aktuellen Problemen in Recht, Politik und Wirtschaft
herausgegeben von Ingo von Münch

Leitende Angestellte
in privaten Unternehmen

Zusammengestellt von Dirk Geitner
202 Seiten. 1974. DM 14,80
ISBN 3 11 004599 0

Aus dem Inhalt:
Der Begriff der Leitenden Angestellten (§ 5 BetrVG); die arbeitsrechtliche Mitbestimmung der Leitenden Angestellten (Sprecherausschuß); die wirtschaftliche Mitbestimmung der Leitenden Angestellten (Vertretung im Aufsichtsrat oder Vorstand).

FSC
www.fsc.org
MIX
Papier | Fördert
gute Waldnutzung
FSC® C083411

Kolibri 360 GmbH
Ferdinand-Jühlke-Straße 7
99095 Erfurt, Deutschland
produktsicherheit@kolibri360.de